堅 守 信 念
給 社 工 學 生 的 30 封 信

堅守信念
給社工學生的30封信

甘炳光　陳偉道　文錦燕
編著

香港城市大學出版社

©2006 香港城市大學

甘炳光、陳偉道、文錦燕　編著

本書版權受香港及國際知識版權法例保護。除獲香港城市大學書面允許外，不得在任何地區，以任何方式，任何媒介或網絡，任何文字翻印、仿製、數碼化或轉載、播送本書文字或圖表。

國際統一書號：962-937-130-8

出版
　　　香港城市大學出版社
　　　香港九龍達之路
　　　香港城市大學
　　　網址：www.cityu.edu.hk/upress
　　　電郵：upress@cityu.edu.hk

©2006 City University of Hong Kong

Hold On to Your Faith — 30 Letters to Social Work Students
(in traditional Chinese characters)

edited by Kam Ping Kwong, Chan Wai To and Man Kam Yin

ISBN: 962-937-130-8

Published by
　　　City University of Hong Kong Press
　　　Tat Chee Avenue
　　　Kowloon, Hong Kong
　　　Website: www.cityu.edu.hk/upress
　　　E-mail: upress@cityu.edu.hk

Printed in Hong Kong

《堅守信念——給社工學生的30封信》，猶如是荒漠中的甘泉，對前程感到無可奈何的社工學生、對身心疲累和感到氣餒的社工從業員，起了反思、鼓勵和重新抖擻精神的作用，使其能在社會上發熱發亮和堅守信念。

周達禧
香港城市大學
2006年社會工作副社會科學學士兼讀制課程二年級學生

※　※　※　※　※　※　※　※　※

　　給社工學生——當你在課堂上遇到懷疑、矛盾、兩難時，在你看過這書後，會得到反思。

　　給現職社工——當你在工作上遇到勞累、沮喪、困惑時，在你看過這書後，會替你注入能量。

　　給有興趣認識社會工作的人士——在你看過這書後，會令你更明白社會工作的信念，它在現今社會上的變化，以及其生存之道。

黃芷欣
香港城市大學
2006年社會科學榮譽學士社會工作全日制課程二年級學生

※　※　※　※　※　※　※　※　※

　　本信集好像大海中的明燈一樣，引導我這個正在大海上航行的初入行前線同工。

　　肯定了我對社會工作的方向；堅固了我所持守的價值信念；

　　挑戰了我對社會公義之承擔；啟發了我實踐和應用的空間；

　　醒察了我在工作中不致迷失；陪伴我在這旅程中不致孤單。

林定嬌
香港城市大學
2004年社會工作副社會科學學士兼讀制課程畢業生

※　※　※　※　※　※　※　※　※

這本書就像「加油站」一樣，每個清新的主題為社工們注入動力，在社會上繼續推動社會工作的理念、信念及價值觀；老師們真誠的慰問及支持，令每人「心」感溫暖，更燃點着心中的「火」，薪火相傳，與民同步前進！

陳嘉珍
香港城市大學
2000年社會工作榮譽學士全日制課程畢業生
2001年第十一屆新秀社工得主

　　　　＊　＊　＊　＊　＊　＊　＊　＊　＊　＊

　　這30封書信，是社工老師與他們的學生細談社工理念、價值觀、專業操守等等的精彩文章，不論對正在就讀社會工作的同學，或是已經從事社工的同工，都是很具啟發性的經驗談，也是我們在理論與實踐結合之中時而要面對的處境、疑惑及矛盾。透過這群愛護社工專業、關懷學生的老師，引發我們一再反思和切磋，相互激勵，很值得社工朋友共讀分享。

梁魏懋賢
社會工作者註冊局主席

　　　　＊　＊　＊　＊　＊　＊　＊　＊　＊　＊

　　「社會工作」有一套清晰的價值信念：尊重每一個人與生俱來的價值、尊嚴及權利，堅持社會公義。但在日常工作中實踐卻不是易事，且有各種資源、制度的限制，更需要社會工作者不斷自省、反覆思考及互相砥礪。香港城市大學各社工老師真摯的30封書信，為社工學生提供更多思考及分析「社會工作」信念的角度，亦值得執業社工細讀。

蔡海偉
香港社會工作人員協會會長

　　　　＊　＊　＊　＊　＊　＊　＊　＊　＊　＊

看到廿多位社工老師給同學的信函，他們用深入淺出的事例方式，將社會工作理念發揮得淋漓盡致，從爭議例子中將一些看似矛盾的社工價值觀抽絲剝繭的解釋出來，令讀者容易掌握明白，相信不單是社工同學受益，就算是我們用了半生時間投入社會工作專業的「老鬼」，亦因工作太久而未有時間反思的一個思想衝擊。我要感謝各位老師的一點一滴，相信你們的點滴作用已經發揮了。一直以來本地有關社工的文獻都是偏少，今次老師們寫下了對社工理念的一些經驗和演繹，實是對業界文獻一個很好的補充。在這裏，我衷心推薦這本書。

張國柱
香港社會工作者總工會會長

＊　＊　＊　＊　＊　＊　＊　＊　＊

　　內地社會工作正在快速發展，這裏既有重要機遇也有許多挑戰。在這種情況下，那些有志於從事社會工作的青年學生的重要任務便是提高自己的素質。這裏發表的 30 封信是香港城市大學的社會工作資深教師，依據自己豐厚的社會工作知識和實踐經驗，對社會工作專業、價值、方法、技巧等相關等問題的理解和闡釋。作者們以深入淺出的筆觸與讀者進行心靈互動，它所追求的是「堅守信念」——實現專業與個人的共同成長。相信讀者會從中大獲收益。

王思斌
北京大學社會學系教授
中國社會工作教育協會會長

＊　＊　＊　＊　＊　＊　＊　＊　＊

三十封社會工作專業教師寫給學生的信，分享、討論、和回應學生提出的工作困境或價值信念方面的疑惑。親切和智慧的話語，闡述社會工作的價值信念和因應實務工作兩難困境的方法。作者都是社會工作的資深教師，不只以言語引導支持已經在工作或還在實習的社會工作學生，還示範了社工作為一門助人專業所需要的慈愛、關懷、知識、視野、持續學習成長的毅力、以及審酌情勢拿捏介入服務的善巧分寸和力道。這本書對於社會工作的初學者和新進的工作者非常有幫助。即使是經驗豐富的工作人員也能從中得到許多啟發。

陶蕃瀛
台灣靜宜大學青少年兒童福利學系副教授

＊　＊　＊　＊　＊　＊　＊　＊　＊

　　以多年的實踐和教學經驗，書信的形式，向讀者展示實在的個案分析，深入易懂地道出專業本質、信念、知識和理念，講述如何以社工的心（即公義和責任）和智（即知識和道德）達致「幫助身邊人、處理身邊事」，解除我們常遇到的困擾……當代社工和學生必讀的參考書！

蘇文欣
澳門理工學院社會工作課程副教授

＊　＊　＊　＊　＊　＊　＊　＊　＊

目錄

序一（張信剛）			xi
序二（關銳煊）			xv
序三（黃陳碧苑）			xix
編者的話			xxiii
編者簡介			xxxi

第 1 封信	一顆關懷的心	文錦燕	1
第 2 封信	助人自助・自助助人	甘炳光	11
第 3 封信	人可以改變嗎？	楊林綺文	19
第 4 封信	服務使用者的能量	倪凌錦霞	25
第 5 封信	點滴作用	甘炳光	31
第 6 封信	社會工作的 3 個 C	利明威	43
第 7 封信	實踐與信念兩面體	關偉康	51
第 8 封信	有「助」無類──社工為誰服務？	黎定基	61
第 9 封信	生命影響生命── 社工運用自我的重要	陳偉文	69
第 10 封信	信任關係──最有力的介入	陳國康	77
第 11 封信	與服務對象共舞	胡黛莉	83
第 12 封信	與民請命	甘炳光	91
第 13 封信	「公義」與「兩斗米」	胡黛莉	103
第 14 封信	社工的社會責任	蔡黎仲賢	113

第 15 封信	社工註冊能否保障服務質素？	麥海華	123
第 16 封信	面對社工價值觀的兩難	馮偉華	131
第 17 封信	情理法・法理情	陳偉道	139
第 18 封信	自決的迷思	顏文雄	147
第 19 封信	社會工作的專業判斷	霍瑞堯	155
第 20 封信	我是否適合做輔導員？	莊明蓮	163
第 21 封信	經歷不同，能否感同身受？	文錦燕	171
第 22 封信	社工要處理好自己的問題才可以助人？	陳裕娟	179
第 23 封信	怎樣學好社會工作專業？	李德仁	189
第 24 封信	當社工失落的時候，可以怎辦？	廖盧慧貞	201
第 25 封信	社工畢業生的挑戰與裝備	甘炳光	209
第 26 封信	人生有希望——永不言棄	關鋭煊	219

給內地社工學生的信

第 27 封信	助人適應還是改變環境？	甘炳光	227
第 28 封信	學習的真諦——與現實接軌	倪凌錦霞	237
第 29 封信	為何社工那麼重視保密原則？	楊林綺文	243
第 30 封信	常懷社工心——在非專職社工崗位內也可發揮所學所長	陳偉道	251

作者名單 257
參考書目 258

序一

　　社工的主要職責是為人解決問題，同時希望達到助人以自助，更而幫助其他有需要的人士，為社會的發展作出貢獻。

　　面對急速變遷的社會環境，我們見到的現象是社工面對重大的壓力和挑戰，既要應付沉重工作，又要保持服務質素。事實上，社工要處理的問題千頭萬緒，在處理過程中，往往存在許多變數，要幫助個人、家庭、社群或社會去解決問題，並不是一件容易的事情。

　　將入行的社工，特別會遇到困惑、疑問、矛盾、氣餒、迷茫、消沉……當他們失去信心時，質疑自己的能力時，怎樣才能幫助他們更清晰認識社工的本質，更相信自己，積極地面對挑戰，投入實踐工作，成為一個傑出的專業社會工作者？

　　那就是這本書所講述的內容——《堅守信念——給社工學生的30封信》。它的撰稿者是香港城市大學應用社會科學系及社會科學學部共21位的社工老師。他們圍繞社工本質、信念、理想及價值觀念的探討，以30封書信與社工學生分享個人經驗，親切交流，解答他們遭遇的困擾及問題，並給予積極的指導。

本書的最大魅力就在於社工老師們不僅記載自己經年累月的難忘實踐經驗，更分享他們指導學生過程中的經驗和感受，詞情懇切，發人深思。

　　通過這本書，21位老師扮演着支持者、鼓勵者和精神導師的角色。他們從自己的經驗投入到本書的撰寫中，這已不僅僅是一個責任；他們從多年的社工工作中得到啟示，撰文成書，各篇都是精益求精之作。

　　社會工作不是純學術科目，更是講求運用自身（self）、理論與實踐相結合的專業。本書並不是一本介紹社工理論與方法的專門書籍，而是將相關學術概念用淺白的口語文字來介紹，在書信的末尾提供相關學術參考書供學生自己閱讀，並結合自己經歷過的或學生自己的真實個案、個人感受及反思，層層剖析，情真意切，生動明瞭。

　　本書雖然是以書信為題材，但內容並不是一把散沙，信手寫來，而是每章為一封書信，每封書信會有一個清晰主題。這些主題都是真實故事，溫馨感人，研究案例簡潔而有說服力。

不難發現，本書主編的一大宗旨是鼓勵指導這些將入行的社工學子，讓他們從別人的成功經驗中得到啟發，並希望他們將這些經驗帶到自己將來的社工道路之中。

　　城大十分重視與中國內地大學的學術交流活動。本書除了出版繁體版本之外，還將出版簡體版本。這為大學與內地學術交流默默無聞腳踏實地作出貢獻。近年來國家開始注意社工專業的培訓，並於2006年挑選了全國優秀的社工學生，安排來港交流學習。國家社工專業發展前景一片光明。本書個別書信是寫給內地社工學生的。城大的社工專業隊伍責無旁貸地運用自己的優勢，幫助國家的社工教育專業建設和發展。

　　主編之一的甘炳光博士在〈點滴作用〉結尾處說：「過往，我們都喜歡用『北斗星』去形容社工，但近年，我較喜歡用『螢火蟲』替代！」因為：「螢火蟲雖然只能散發微小的光芒，但在曠野的黑暗處所產生的照明作用是不容忽視的。而螢火蟲雖然微小，但若將一大群螢火蟲聚集起來，就可以達到如燈泡一樣，發光發熱。」

我這裏亦借用甘博士的話，「願我們社工都能像螢火蟲一樣，每個都『生來帶火』，雖然只是『微光』一道，但微光無處不在，願意同心攜手去將點點微光匯集起來，光照人間。」

張信剛
香港城市大學
校長及大學講座教授
二〇〇六年六月二十九日

序二

　　現今世代的變化是恆久及無常的。往昔我們重視的鄰里互助及親友支援精神已難復見矣！加上社會中商業競爭劇烈，資訊科技日新月異，電腦互動取代了人際間交往模式，導致人們在心理上的挫敗感及壓力倍增，因而需要專業社會工作者的協助以解決面對之困難。但基於專業社會工作是關乎人與人間的互動專業，故此在專業技巧上，人生閱歷上的要求頗高。而這一方面正正是大部分有志進修社會工作的人士所嚴重短缺者。

　　當我們稍為瀏覽一下現存的相關社會工作專書時，不難留意到大都較着重理論介紹，或實務的執行，甚少採用大眾化及較軟性的手法去介紹專業社會工作的理念及道德操守取向。很高興見到三位編者策劃出版《堅守信念——給社工學生的30封信》這一本平易近人，深入淺出，生動感人的社工書籍，肯定會得到有志進身專業社工的同學們的喝采聲。而書中的眾多作者都是系內及社會科學學部的資深社會工作教師或實務工作者。他們把其社工經驗用書信形式展現於讀者眼底，內容包羅萬有，不同情景，不同困境，不同背景案主群，不同工作手法，不同的專業社工概念都概列其中。很開心看見

系內同事及社會科學學部的老師們的齊心參與，實在要替未來的專業社會工作者多謝他們的一番心思及努力。

作為一個專業社會工作者，我們必然會面對不少案主難於處理的人生困境，若我們自己缺乏那種堅毅不克，面對挑戰而不放棄，執著及耐性的工作態度，則不難被工作壓力所擊潰。最後筆者希望大家在工作上緊記以下的「六個不」：

逃避不一定躲得過。
面對不一定最難受。
孤單不一定不快樂。
得到不一定能長久。
失去不一定不再有。
轉身不一定最軟弱。

而在助人自助的過程中，我們更要學會「懂的哲學」，則在工作上必然可令案主們得益的：

懂得放心的人找到輕鬆。
懂得遺忘的人找到自由。
懂得關懷的人找到朋友。
天冷不是冷，心寒才是寒。
願您的心都是暖暖的⋯⋯。

序二 — 關銳煊

　　謹此向大家極力推薦《堅守信念——給社工學生的 30 封信》這一本好書。祝大家身體健康，家庭幸福，工作愉快！

　　　　關銳煊
　　　　香港城市大學應用社會科學系
　　　　署理系主任
　　　　二〇〇六年七月三日

序三

　　常言道：社會工作是一個「以生命影響生命」的專業。社會工作的精神是「助人自助」。從事社會工作，首要有一顆關懷的心，以自己對生命的熱愛，對社會的責任，對公義的倡導，對人類福祉的承擔，致力改善社會狀況，幫助有需要人士、社群、家庭與社區等；務求解決困難，促進和諧社會，推動社會的建設與發展等。

　　從事社會工作的人士，素有「北斗星」的雅譽；然而，常繫社工心只是基本條件，成熟的品格更不可缺。因此，我們身為社工必須堅守信念、追求知識、磨練技巧、提昇專業自我，務求為服務對象提供最適切的服務與有效的輔助；但無可避免，在實踐過程中，總有衝擊，更有令人迷惘的人和事；也許這是時候停下來，想一想，從點滴中，仔細思索箇中信念與價值觀等課題。

　　城大的社工專業課程，於1984年創校時開辦，是大學裏歷史最悠久的課程之一；在過去22年來大家一起走過的日子裏，深感社工老師們總愛默默耕耘，為培育學生付出無盡的關愛，任怨任勞，有教無類，化雨春風。近年來，社工業界屢遇改革浪潮。政府津助制度的轉變、新管理主義思維的興起，無不為業界帶來挑戰。如何堅守社工信念，如

何平衡社工的人本精神與問責制度的要求，委實是社工學生和前線工作者值得深思的課題。

這本書的出版，正好為疏解上述疑題，注入一股新力量，宛如清泉。除可視為社工培訓的教材外，也能激勵新進同工敢於反思，再次堅守信念。來自城大社會科學學部與應用社會科學系的21位社工老師，主動攜手合作，志願參與編寫與出版工作。他們悉心撰寫的30封信，各有主題，各具風格，亦各自精彩。同事們的筆觸，真摯感人，言簡意賅。最難能可貴的地方，就是書中的30封信，分別記載了作者們在社工生命中永誌難忘的親身經歷，對社工信念的剖析、澄清與體會；以心靈互動方式，向讀者娓娓道來，委實帶來不少啟迪與反思。衷心祝願這本書的面世，能讓讀者稍作歇息，分享21位作者從實踐中探索到的智慧，豐富自己的生命，也豐富身邊人的生命。

最後，社工老師們在平日舌耕之餘，仍樂於執筆撰文啟導莘莘學子，此舉令人欣賞。甘炳光、陳偉道與文錦燕三位主編除親自撰寫多封信函外，更肩負起統籌與協調各項編寫及出版等細節工作。他們籌劃此書的出版堪稱用心良苦、盡責耐勞。時見他們步履輕盈，處理有關事務效率奇高；在城大日

常繁重教學與行政的重擔下，仍對香港社工教育及內地正方興未艾的社工培訓工作充滿熱忱，其志可嘉！他們秉承城大的「敬業樂群」精神，確實表裏一致，鍥而不捨，貫徹始終。

　　此書付印在即，我樂於為序，並衷心致意與推介。

　　　　　　　　　　　黃陳碧苑
　　　　　　　　　　　香港城市大學專上學院
　　　　　　　　　　　副院長（人力資源）
　　　　　　　　　　　暨社會科學學部署理主任
　　　　　　　　　　　二〇〇六年六月三十日

編者的話

盼望着,盼望着,我們三人編寫的書籍:《堅守信念──給社工學生的30封信》,終於與各位讀者見面!

此刻的心情,不僅只是興奮與雀躍,尚有說不盡的情與義,真是難於表達於萬一。最難忘的是編寫過程;最可貴的是結集成書。各位作者(共達21位共事多年的香港城市大學社工老師們)彼此志趣相投,親身撰寫一封或多封信函,然後編輯成書,以心靈互動,閒話家常的書信形式出版。

我們從選擇主題,構思綱要、坦率切磋個案、反覆修訂文稿,到最後審訂及核對工作等,處處彰顯眾志成城,效率輕快的團隊精神;我們各人平日忙於教學、輔導與行政等工作,能以八個月的時間,從意念到出版,最終把理想實現,委實驚喜不已。我們深藏於心底裏的社工教育理想與夙願,竟能夢境成真。

我們出版這本新書,源於坊間有關社會工作的書籍,大部份是暢談理論、實踐應用或個案研究。對學生及前線社工而言,往往是一本又一套「較為硬生生」的參考叢書,着重知識的傳授,鮮有以較清新或心靈驛站的筆觸,與讀者娓娓道來社會工作本質與理念。這本新書試圖突破上述局限;對象以

有志從事社會工作的同學或新進專業的同工為主。因此，本書的特色不在於論述理論與方法，而是藉着各位作者多年實務及教學的經驗，透過與社工學生通信的形式，為讀者解決修讀社工課程或從事社會工作時，常遇到的困惑與疑難，並給予他們指引。書內每封書信都着重作者的個人經驗分享，結合真實故事、個人感受及反思，採用「較軟性」的表達方法，與讀者分享心得。有些作者亦為讀者介紹一些延伸閱讀資料。深信在本地同類型的書籍中，這本新書將是別樹一幟的參考讀物。

本書另一特色是全書環繞社工本質、信念、理想及價值觀來探討。我們有感隨着社工不斷的專業化，社會人士委實對社工寄意甚殷，盼他們肩負社會責任，解決困難。為確保服務質素及維護服務使用者的權益起見，專業絕不能只是理論知識與實務技巧而已；更是一種道德力量、情操與委身。專業人員所持守的信念與價值觀，正是工作的原動力，遇到挫折時的「打氣劑」，也是倫理規範或工作守則之本，更是遇上專業操守有所偏離時的裁決基準。再者，近十年來內地社工專業發展神速，據悉目前已逾200所院校設置了社工課程；本港近年來的社會福利改革浪潮，無論是津助制度，還是服務

編者的話——甘炳光、陳偉道、文錦燕

形式,與往昔比較,早已大相逕庭。我們的社工專業雖早有倫理規範與工作守則的制訂,然而日常事務裏,難免仍對社工本質及信念產生疑惑,或困於實務方面時某些倫理議題(例如書中提及的某些主題:「情理法、法理情」、「自決的迷思」、「面對社工價值觀的兩難」等),假如稍一不慎,往往會危及服務質素與當事人的權利。我們日常教學經驗中,發覺學生無論在課堂及實習訓練中,都提出不少相關的問題。因此,這本書結集的30封信,緊扣着社會工作的本質及理念,以及實務中涉及的倫理規範、道德標準、工作守則等「難免爭議」的課題。本書以深入淺出及互動啟迪方式,啟發讀者設身處地、代入當事人的角色,以便在社工實務過程裏察覺謬誤所在,識別不當行為及其成因,進而提升社工本身的自律與倫理行為。我們相信:凡事宜從社工本質與信念開始反思,縱然難題當前,也有較大空間,善於處理,一切以社工信念為藍本。

全書每封書信均有一個清晰主題。我們邀請作者從日常與社工學生接觸的經驗中,選取學生較關心及較多提問的問題為書信主題。我們三位編者也分別邀請學生們向我們提交相關主題。書內有多封書信都是參照學生的提議而定出主題的,希望本書

內容能夠切合讀者的興趣，引發他們的共鳴。全書共有 30 封信，可粗略納為六部份。第一部份着重社工基本核心信念與價值觀的探討（第 1 至第 7 封）；第二部份為微觀實務介入時宜留意的信念課題（第 8 至第 11 封）；第三部份是有關宏觀信念的討論（第 12 封至第 15 封）；第四部份涉及社工介入時所面對的兩難處境及爭議課題（第 16 至第 19 封）；第五部份主要解答社工學生在學習社工時所面對的個人問題與挑戰（第 20 封至第 26 封）；最後一部份是為內地社工學生而書寫，與他們暢論學生關注的課題（第 27 封至第 30 封）。

我們出版此書的另外一個動機，是冀盼趁此良機，匯聚在香港城市大學教授社工課程的老師與實習導師們的力量，同心協力，為社工教育與訓練方面，獻上綿力，加添教材，讓修讀及剛進社工專業大門的同學們，多反思與持守專業的信念，悉心服務社會，造福人群。我們十分高興能夠邀請分別任教應用社會科學系及社會科學學部共 21 位同事攜手為此書撰稿，他們各人均學有所長，雖然專業領域不同，然而心意相通，尤其是專業的核心價值觀與信念。各位社工老師在信中表達對同學們的關懷與支持，令人深感溫暖。他們對出版本書的齊心參與

編者的話——甘炳光、陳偉道、文錦燕

及積極支持，令我們三人十分感動，更為一起推廣社工信念教育的團結合作精神而感到自豪。難得此書由香港城市大學出版社出版；一本由香港城市大學出版社出版的書籍中，竟然全書21位作者均是香港城市大學的老師確是史無前例的創舉！謹多謝出版社給予我們這個難得而寶貴的機會，更萬分感謝幾位編輯及出版社人員給予的幫忙、指導、支持及鼓勵。

本書的讀者對象除了是本港有志從事社會工作的同學或年輕的社會工作者外，我們也期望將本書推廣至其他華人社區的讀者，尤其是內地的社工學生。因此，書中的最後4封信是特意為內地社工學生而執筆的。冀盼本書的出版除了增添本地社工訓練教材外，也為推動內地的社工教育貢獻一分力量！

我們要衷心多謝香港城市大學校長張信剛教授在百忙中抽空為我們作首序；感謝應用社會科學系署理系主任關銳煊教授及專上學院副院長（人力資源）暨社會科學學部署理主任黃陳碧苑博士，也為我們作序。他們言辭真摯，令本書生色不少；也帶給我們無限支持及鼓勵！我們十分榮幸邀請到本地社工團體代表，內地、台灣及澳門的專家學者，兩位校內社工同學及兩位社工畢業生為我們撰寫推介

xxvii

短文；包括社會工作者註冊局主席梁魏懋賢女士、香港社會工作人員協會會長蔡海偉先生、香港社會工作者總工會會長張國柱先生、北京大學社會學系暨中國社會工作教育協會會長王思斌教授、台灣靜宜大學青少年兒童福利學系陶蕃瀛副教授、澳門理工學院社會工作課程蘇文欣副教授，以及周達禧同學、黃芷欣同學、林定嬌同學及陳嘉珍同學。他們的迴響加強了出版本書的信心，在此再三致意！

最後，更要衷心感謝摯愛的社工學生們。你們課堂的提問、實習時的討論、電話與電郵的溝通……無一不是教學相長的元素，溫情暖意，更常在心頭，也令我們在繁忙的教學與行政工作日子裏加添不少活力，豐富多采多姿的社工教育生涯。全賴你們的相伴相隨，方能引發本書的意念以及啟迪書寫的靈感。衷心期望讀者閱讀本書後，給予我們回應，多些提出寶貴意見；我們詳列作者的電郵地址，歡迎與編者及各位作者聯絡，切磋與砥礪，務求教學相長。

我們深信：「只要有理想，夢境會成真」。我們三人合力編著的書籍終能實踐「聚沙可成塔，點滴變江河」的信念。書成之日，已屆仲夏；縱然

編者的話——甘炳光、陳偉道、文錦燕

是炎炎夏日,竟覺暑氣全消,盡滌塵慮。願此書獻給所有樂於從事「社工教育與訓練」的老師、為實踐理想而不離不棄的同工,以及勤奮學習的社工同學。讓我們常懷一顆關懷的心永恒長存,於不同崗位或地域合力發揚「堅守信念」的精神,宛如小小螢火蟲凝聚起來,燃亮自己、照耀他人、發光發熱,擴散四方,我們深信社工「北斗星」的雅譽總會實至名歸!

常說「千里之行、始於足下」,誠邀大家結伴同行,歡迎齊來舉步,願共勉之!

　　　　　　　甘炳光　陳偉道　文錦燕
　　　　　　　二〇〇六年七月四日

編者簡介

甘炳光 　香港大學社會科學榮譽學士（主修社會工作），英國愛丁堡大學理學碩士（資深社會工作），英國雪菲爾大學哲學博士。曾從事社區發展、督導鄰舍層面社區發展計劃、長者中心及青少年中心工作、以及在職社工專業培訓及發展工作。1989年開始在香港城市大學執教社會工作，現任香港城市大學應用社會科學系副教授。教學及研究範圍包括：社區工作、社區組織技巧、小組及團隊建立技巧、特別需要及弱勢社群介入工作、社會老年學、長者去權與充權、充權理論、婚前輔導、政策分析、社會工作價值觀及社會工作教育等。1994年榮獲香港城市大學首屆傑出教學獎（*Teaching Excellence Award*），1999年榮獲香港城市大學人文及社會科學院學院教學貢獻獎（*Faculty of Humanities and Social Sciences Contribution to Learning Award*）。著作散見於書籍及國際學術期刊。出版書籍有：《社區工作：理論與實踐》（合編）（香港版，1994年初版，香港中文大學出版社出版；及台灣版，1996年初版，五南圖書出版公司出版）、《香港房屋政策論評》（合編）（1996年初版，香港三聯書店出版），及《社區工作技巧》（合編）（1997年初版，香港中文大學出版社出版）。

陳偉道　香港中文大學社會科學榮譽學士（主修社會工作），英國伯明翰大學社會科學碩士（社會與律政），香港中文大學教育碩士。曾在社會福利署擔任社區及團體工作、善後輔導官、感化官及訓練主任等。1985 年受聘於香港理工學院，擔任社工講師。1991 年 9 月加盟香港城市大學，現任該大學專上學院社會科學學部高級講師暨專上學院學務長（Director of Student Learning），教授犯罪學與刑事司法、社會工作導論、旅遊持續發展等學科，以及督導社工實習；近十年來擔任學院之學生事務顧問（College Student Advisor），致力培訓班代表及增添學生多方面的學習體驗，例如「領導才」訓練、班代表網絡建立、境外考察活動、暑期工作體驗計劃等。研究範圍廣泛：高等教育與培訓、青少年犯罪問題、受害人研究、社工倫理等。1994 年榮獲香港城市大學首屆傑出教學獎（Teaching Excellence Award）。文章散見於書籍及學術期刊。參與多項公職與社會服務：監管下釋囚委員會委員、執法及暴力傷亡賠償委員會委員（1996–2002）、社會工作者註冊局成員（1998–2001）等；歷任香港善導會、香港學生輔助會執委及該會屬下小學與群育學校之校董。

編者簡介

文錦燕　香港大學社會科學榮譽學士（主修社會工作），英國愛丁堡大學理學碩士（資深社會工作）。曾從事學校社會工作及青少年中心工作。1989年開始在香港城市大學執教社會工作，現任香港城市大學專上學院社會科學學部講師。教學及研究範圍包括：個案工作、兒童及家庭輔導、交往及個人輔導技巧、親職教育輔導、婚前輔導及社會工作教育等。著作散見於書籍及國際學術期刊。出版書籍有：《交往技巧的運用與分析》（合著）（香港版，2001年初版，香港城市大學社會科學學部出版；及內地版，2005年初版，清華大學出版社出版）。

第 *1* 封信
一顆關懷的心

> 理論、知識和技巧需要隨年月和環境變遷而變更，但一顆關懷人的心，在社工身上卻需要永恆長存…

文錦燕
sckym@cityu.edu.hk

請你保持敏銳
醒心，關心別人
不太願意
去關懷的
378?

Ms Mon
29/9/06

第 1 封信
一顆關懷的心

思思：

　　實在謝謝你，畢業多年，仍然記掛着我這個「過氣」老師。你一年數度的電話問候、來信和親身探望，使我暖在心頭。但我更珍惜的，就是你讓我有機會分享、分擔你的種種經歷，以及你對工作與生活的反思。

　　從最近的來信，得知你為幾個較為艱難的個案四出奔波，勞心勞力，請你謹記保重身體，珍惜健康。在信中，你一再問道：「要幫助服務對象，社工必要具備哪些條件？」你認為社工要具備專業的理論和知識、熟練的介入方法，加上靈巧地運用社會資源，才可有效地協助服務對象。因此，你愈來愈質疑自己的能力，發覺自己擁有的理論、知識及技巧均有限，開始對自己缺乏信心。

　　你從經驗總結出來的社工必備條件，全都是重要的。但我認為，有另外一項條件比它們更重要，更是我們每一個社工都要擁有的靈魂。你知道那是甚麼嗎？

　　相信你必定同意，社工的主要職責是助人，以服務人為本位，故此擁有一顆關懷人的心其實是最基本先決的。

第 1 封信　一顆關懷的心——文錦燕

　　由關懷出發，社工才會特別留意及關注別人的需要；而這顆心亦驅使我們適時適切地伸出援手，使我們有敏銳的觸覺洞察別人生活上不同的需要。你曾經處理的幾個個案，特別給我深刻的印象。

　　還記得幾年前，你在中心工作，服務對象主要是兒童、青少年及其家庭。當時，你曾向我訴說一個「低收入」家庭裏三姐弟的故事。他們的父母都有工作，早出晚歸，但收入微薄。中午放學後，就讀高小的大家姐便帶着兩個弟妹到中心，吃他們自備的午餐及做功課。眼見他們的午餐，一般都是麵飽數片，偶爾才買來一個飯盒，三個孩子一同分享，你知道幾個孩子在午餐吃的食物，只可稍填肚子，但談不上飽足。許多次，在下午時分，你悄悄地請孩子吃點糕餅，或請他們喝點豆奶。你掛心孩子正值發育的重要時期，極需要補充營養。你和同事曾着孩子的父母考慮申領綜援以幫補家計，但他們婉拒了大家的善意，選擇自食其力，你只好繼續默默地為孩子送上點點可以充饑和補充少許營養的食物。

　　你由孩子的基本溫飽需要着手，並勉勵他們敬愛父母，用心學業。孩子放學後到中心，得到你的照顧，讓他們的父母可以較為安心地工作。從以

上的經驗，我感受到你不只關心服務對象的表徵問題，更會全心全意去關心他們的基本生活所需，包括衣、食、住、行、起居安全；同時亦關心到人在情感、心靈、社交、自尊等方面的需要。

思思，你知道嗎？這些關顧除了給予服務對象「補身」的「補品」之外，更提供了「補心」的心藥。

我還記得你負責托管服務時，常向我提及有一個「小鬼」，每天都會溜到你身邊，目的是為了跟你聊天。無論你多忙。你都會稍為停下，與他談一會，然後拍拍他的肩膊，鼓勵他用功做功課，之後便可休息，與大夥兒玩耍。聽罷，他便高高興興地回托管室，像充了電的電池一樣。你有言與無言的支持和鼓勵，讓這個孩子抖擻精神，帶着歡欣的心去應付一天的功課。

你記掛的，不單是一份工作，更加是孩子們個別的需要。你細心閱讀每個孩子的故事，關心他們日常生活中身、心、靈各方面的需要。你這顆關懷人的心令你從不計算對他們付出多少時間，精神和心思，更讓你成為這些孩子的人生故事中的其中一個重要角色，默默扶持着他們成長。

第 1 封信　一顆關懷的心——文錦燕

近年，你轉到中學擔任學校社工，服務對象主要是年青人及家長。我知道你面對着不一樣的挑戰。艱難的個案，一個接一個。但縱使身心疲累，你仍然悉力以赴。你還記得嗎？你曾經與我詳談一個由班主任轉介給你的輔導個案。事源是在一個十三歲少年交給老師的週記中，提到想自殺，原因是家人、親人、老師和同學都待他不好。你與他傾談之中，他透露自己已選了幾種自殺的方法，並且考慮過它們的優劣之處。每當他感到很不開心時，自殺的念頭便在腦海中浮現。你與他約法三章，在很沮喪的時候，一定要先找你傾訴，一起想辦法，暫時按下自殺的念頭。

這少年性情暴躁，時常罵家人、同學，甚至是路過的陌生人。在他眼中，他總是有理的一個，而別人都是可憎的。他生長於單親家庭，媽媽撫養他和一個比他年輕幾歲的弟弟。娘家的親人都很疼他，但他感到母親特別疼愛弟弟。面對一個內心充滿憤怒、悲怨情緒的少年人，滿腦子都是負面思想，你嘗試以耐心去接近他。當他認為別人皆「錯」，唯他獨「對」，而希望得到你支持時，你會聆聽他的憤怨，但你不會贊同他的言行。你嘗試帶他跳出負面的思想框框，你的真摯關懷支持他

嘗試學習加入一些較為正面的想法，幫助他從不同的觀點角度去看人與事，將「別人」由「討厭」變得「不大可惡」；「事情」亦由「很大件事」化為「不甚重要」。少年人很多時候情緒會較波動，衝動多言。你與這少年面對面輔導時的感覺，猶如坐過山車似的，緊張刺激，時「高」時「低」。但你那顆關懷的心令你真摯及樂意地與少年人一同經歷起伏不定的情緒，讓你與他同路，給予他無限的支持及安慰。

我最欣賞你的，除了你關懷服務對象外，更會兼顧關心及支持他們的家人。當你輔導那少年時，你所關心的不但是一位十多歲的「暴風少年」，還會加緊扶持少年的母親，令這位母親努力學習擔當有效的母親角色，願意學習各種方法與兒子溝通，督導他的言行，拉近大家的距離。你誠意的關懷令她以不卑屈不放棄的精神，以情以理啟導兒子多從正面看人生。

有數次，我們談到你在緊急關頭介入家庭衝突，及時避免了家庭暴力事件的發生。在你提及的一宗家庭衝突中，一個十多歲女學生在執爭間出手打母親及弟妹，受驚的是弟妹，求助的是單親母

第 1 封信　一顆關懷的心——文錦燕

親。那天是假日,你剛與家人外出晚膳,還未點好餸菜,便接到老師來電告知這女學生在家與母親吵得非常激烈。你心知不妙,一方面請一位居住得較近的老師幫忙,先趕去調解緩衝,而你則匆匆乘的士前往。到達時,縱使老師已入屋,嘗試平息女生的情緒,但她仍非常激動,怒不可遏,手裏還拿着小刀,不讓人接近。在她持小刀舞動期間更劃傷了自己。雖然母親不願意驚動警方,但你甚為擔憂女學生會傷及自己、弟妹或母親。在保障各人安全的前提下,你還是決定報警。家庭中驚心動魄的一幕才告結束,女學生送院觀察,由醫院的心理學家跟進。

　　面對繁重的工作,甚至是突如其來的「危機介入」,我從沒有聽你抱怨過要超時工作,或是失去了與家人共聚的歡樂晚上。你只慶幸家庭成員均沒有受到身體傷害。你所關顧的是如何盡快開解這個家庭、女學生、母親、弟妹,令他們明白與家人和手足衝突所帶來的心靈傷害。

　　你曾與我分享,校內師生對你十分尊重和支持,上司亦很欣賞你的表現。這幾年間,對於從工作而來的讚譽及獎項你欣然接受,但淡然處之。你

與服務對象的一言一語、一動一靜的交流，表達了你的誠意關注和尊重；無論年紀、性別、學歷、工作和社會階層，你盡量讓服務對象感受到你對他們由衷的關心和支持。

所以，思思，不要對自己失去信心，也不用質疑自己的能力。我相信，你那顆關懷人的心，一直會為你提供能源，加添動力。

要緊記，理論、知識和技巧會隨年月和環境變遷而變更，但一顆關懷人的心，在社工身上卻需要永恆長存。沒有這顆不變的心，即使吸收了多少嶄新的理論、知識和技巧也不能讓我們的工作發光發熱。只有多去滋養這顆關懷的心，我們才更有力量去更新自己，積極地面對挑戰及更投入去實踐社工的使命。

不過，我希望你也要留意，我們除了要有顆關懷別人的心，也要有一顆關懷自己的心。

當我們全情投入關顧別人之時，偏偏就會忽略了自己。精神、體力的付出，或許令我們透支了還不自知，疲累的身體繼而會降低我們抵禦疾病的能力。當我們大部份的時間心思都用於關懷服務對象

之時，或許我們會歉疚自己未能抽多點時間陪伴家人至親及與好友共聚。縱使家人好友想關心我們，表達他們的支持，我們也無閒消受。每天承受的緊張壓力也只得往心裏堆填。

　　思思，知你最近身心俱疲，也許是適當時候安排一個假期，好讓自己可以放開心懷，恢復魄力，好讓你那顆關懷別人的心，能夠繼續傳情送暖。

　　祝
　　快樂安康！

Ms Man
Miss Man

第2封信
助人自助・自助助人

社工不應只是幫助別人去補救問題及學習自我解決問題的能力，更需要令人能夠自助之餘，也會幫助其他人，以回饋社會。

甘炳光
sspkk@cityu.edu.hk

第2封信
助人自助・自助助人

潔兒：

很高興收到你的電郵，與我分享在課堂後的反思。我十分欣賞你的學習態度。正如我常對你們說，學習不應只局限於課堂之內，課堂後多反思，多發問並多與老師交談，會令你學得更多，更深入。

你在電郵中提出以下疑問：一方面你認同社工需要相信社會是有責任去調配資源，提供社會服務，以幫助社會上有需要的人士。但另一方面，你擔心社會資源有限，而社會上有很多需要幫助的人，究竟社會幫助得幾多呢？而社會或政府又如何能承擔這責任呢？你質疑若我們鼓吹這信念，可能會耗盡社會資源，有損社會的經濟發展。

其實過往也有很多人向我提出類似的疑問，尤其是一些對社工專業未有清晰認識的人。我覺得你的疑問或擔心，是源自你對社會工作或社會服務的功能未有全面的掌握。

不少人只認識到社會工作的「補救性」功能（Remedial Function），以為社會福利服務只是幫助有需要的人士解決問題，將破爛的「鑊」修修補補。將社工理解為「補鑊」工作的觀念令很多社會

人士誤解社工只懂消耗社會資源（Consumption of Social Resources），因而引起你所擔心的經濟負擔問題。

其實社會福利服務除了為服務對象解決問題之外，更有「預防性」（Preventive）及「發展性」（Developmental）的功能。

我們提供的服務，除了為服務對象解決問題之外，更能預防社會問題的發生，緩和社會矛盾，使社會更趨安穩。近代不少經濟學者指出，社會福利服務有助穩定社會，並製造和諧的社會條件去促進經濟的發展。

至於發展性功能，很多人也忽略了這點。社工不是只幫助服務對象解決眼前的問題。很多時候，我們會進一步協助服務對象學習找出解決問題的方法，令他們懂得自我解決問題。我們更會幫助他們發掘自己的潛能及肯定自己的能力，以進一步幫助及發展自己。

若你沒有忘記，這種信念便是社工經常倡議的口號：「助人自助」的精神。

這句說話的意思是社工不只為別人解決問題，更會幫助別人學習自助，讓他們日後在沒有社工的

幫助之下，仍然有能力及信心去面對自己的問題。譬如說，我們不會只為饑民送上魚兒，我們更會教曉他們釣魚的方法；我們會着重教懂貧農學習種植稻米，而非只局限於送上米糧。

不過，我相信強調助人自助的功能都未能完全釋除你提出的疑慮。因為，很多人仍覺得，社會資源還是用了來為社會上很多有需要的人士解決問題及幫助他們培養自助能力。這種想法，始終令人覺得社工只會耗用有限的社會資源。

事實上，社工的發展性功能不應只停留在助人自助。社工應該要將「助人自助」的精神擴展至鼓勵、啟發及發動服務使用者去幫助別人，為社會作出貢獻。

例如：社工協助獨居老人解決了搬遷到新社區的適應問題後，會鼓勵這些獨居老人去探訪其他區內感到孤獨無援的老人，分享他們自身的經驗，去開解其他獨居老人，並成為他們的社區支援網絡。所以，近年我致力倡導弱勢長者成為長者義工。這是因為我們相信「助人治療」（Helper Therapy）（Riessman, 1997）的效用。所謂助人治療，是當一個人懂得及樂於幫助別人的時候，他/她便會加強動機及

能力去解決自己的問題。在助人的歷程中，人會學習更多幫助自己的方法。

給你舉另外一個例子，香港社工機構在近十多年來，協助傷殘人士及長期病患者成立了不少自助組織。這些自助組織背後的理念，就是組織有共同需要的傷殘人士及長期病患者互相幫助。既幫助自己之餘，他們也要出力幫助自己的組織成員，並運用大家作為「過來人」或「同路人」的經驗，互相扶持，共同解決大家面對的問題。

自助組織的成立令不少服務對象成為「施受者」（*Prosumers*）（Toffler, 1980）。

潔兒，可能你對這個概念有點陌生，在日後的課堂中我會詳加解釋。簡單來說，施受者的概念是指接「受」服務的人，同時也是「施」予服務的一群（*Consumers or clients as producers of services*）。自助組織運動的興起為香港復康服務發掘及提供了不少寶貴的人力資源。

說起自助組織，就想起你們的一位師姐；她去年轉職往自助組織工作。幾次回校探訪都曾與我分享，覺得在自助組織的工作十分有意義，所得到

的滿足感較過往的工作大得多。因為，過往她只着重為服務對象提供服務，而現時她最感興奮是自助組織的工作讓她真正明白社工的真義，讓她懂得幫助服務對象之餘，也去發揮這些同路人互相幫助的能力，除了讓他們有機會為組織貢獻之外，更幫助他們重拾自信，建立正面人生觀，達致為服務對象「充權」的效果。

你知道嗎，在不少社工推行的社區發展計劃當中，我們除了幫助居民合力解決共同的社區問題之外，還有很多重要的目標，包括鼓吹居民互助、動員居民多參與社會事務、推行社區照顧計劃及鼓勵居民為社區出一分力，以建立一個關懷的社區。

你還記得我曾在課堂與你們分享為何我這麼喜歡做社區工作嗎？社區工作最吸引我的地方就是能夠全面發揮社工的補救、預防及發展性功能。在多年從事社區發展服務的經驗中，我看到不少草根居民及弱勢社群成長，他們不少由最初對社區事務漠不關心，漸漸意識到要表達自己的意見，進而關顧身邊的鄰居，組織居民表達對改善社會政策及促進社區發展的意見。

上學期，我邀請了一位廿多年前與我在臨時房屋區及舊型公共屋邨一起並肩工作的街坊，到課堂

與另一級的社工同學分享他多年的社區參與經驗。很高興見到他至今仍十分熱心為社區出力，還積極幫助現時他所居住的屋邨中的弱勢社群。

他的分享，令到不少同學明白及感受到在香港的草根社區中「人人為我，我為人人」的精神。從他身上，讓我看到當年我和同工所播下的種子，如何在往後發芽生根。

所以，潔兒，希望你明白，其實社工並不只是幫人，也不只是幫人自助；我們更會促進服務對象幫助其他有需要的人士，為社會的發展作出貢獻。若社會大眾多明瞭社工這方面的發展能力，就不會視社工為只會消耗社會資源的一群。反之，會認同社工是能夠幫助製造或發展社會資源的（Production of Social Resources）。

潔兒，我不知道你的疑問是否與我們慣常掛在口邊的「助人自助」口號有關。我個人覺得，「助人自助」有可能令人狹隘地理解社工只是去為人解決問題及幫人自助，而忽略了還有「自助助人」的精神。其實，在我開始肩負起社工教學的崗位後，我已察覺你所提出的疑問。因此，在近年的教學中，我喜歡將社工的口號由「助人自助」擴展為「助人自助・自助助人」。

我更會在課堂中提醒同學，社工不應只是幫助別人補救問題及學習自我解決問題的能力，更需要令人能夠自助之餘，也會幫助其他人，以回饋社會。

　　在稍後的課堂中，我會與你們分享更多有關「助人自助，自助助人」這種社工精神的真義。若果你有興趣在課堂前先多了解這方面的資料，可參閱附上的參考書目。在閱讀後如有任何問題、回應或反思，歡迎你來到我的辦公室詳談。

　　潔兒，你若認同「助人自助，自助助人」的精神，希望你與其他同學一樣，將這精神傳頌開去，讓更多人明瞭社工的本質。在日後的社工崗位上，多學習如何貫徹這精神，與服務對象並肩而行，培育更多的「施受者」。

祝
　學習愉快！
　生活充滿喜樂！

甘sir

第3封信
人可以改變嗎？

只要我們在實務上堅守「接納他人」、「不持批判的態度」、「個人化」等原則，在助人的關係中表達我們的同理心、尊重、讚賞和真誠，人是可以改變的！

楊林綺文
scaudrey@cityu.edu.hk

第3封信
人可以改變嗎？

敏臻：

十分高興可以在你完成這個實習後，與你分享對社會工作的信念的一些看法。

對你來說，這次實習的確是一個十分寶貴的體驗；你有機會接觸一個唐氏綜合症兒童及其母親，一個有吸毒背景的釋囚，也有一個百病纏身的獨居婆婆。過去幾個月，你總是很努力地運用課堂上的知識和技巧輔導他們，以及利用適切的社區資源去幫助他們。正如中心主任和我對你的評價：以一個仍在就讀社工課程的學生來說，你的表現已是超乎期望。

一直以來，你不時向我提出一個有趣的問題：「人可以改變嗎？」或許可以從你處理的個案中找到點啟示。

猶記得當你初次接觸患有唐氏綜合症的琪琪及她的父母時，你第一個反應是：「琪琪既然是一個智障的兒童，我們即使為她提供任何服務，也改變不了她的智商。」當你知悉琪琪家境十分富裕時，你便不斷遊說她當醫生的母親放下工作，留在家中好好照顧女兒。無奈她不但不接受你的「好言相勸」，反而用了很多時間告訴你，她已為女兒找到

一個十分稱職的外傭照顧女兒。結果你在第二篇反思文章中說:「為何她不能為她的女兒作出一些改變?也許,人是不願意改變的。」

針對這個信念的真確性,我們討論良久,結果你有以下結論:「若然我們甚麼都不做,人一定不會改變;但是若然我們盡力協助當事人,或許人是可以有些改變的!」於是,你開始為琪琪安排參加一些訓練課程,讓她學習一些自理常識和技巧;同時你又細心聆聽琪琪的母親訴說她失去一個健康孩子的痛楚和失望,隨後又協助她明白她和女兒可以做一些事情幫助發展。漸漸地,她主動跟你談到,打算騰空一些時間參與家長組及陪同琪琪進行一些群體活動,同時她也很積極地在互聯網找尋資料,學習如何更有效地協助琪琪成長。誠言,琪琪接受訓練後,仍然是一個智障的兒童,將來她不能入讀大學,但她會慢慢學懂照顧自己。

那個有毒癖並有多次案底的亞成,也曾經令你困擾多時呢!猶記得你第一次跟我討論這個個案時,你說:「亞成有這樣不良的記錄,但每次都不能汲取教訓,現在又用說謊這卑劣手法嘗試索取資源,他一點兒也不自愛,我看他實在沒有打算改變自己!實在無藥可救了!」

當時我們不斷思考：「為甚麼他會落入這個境況呢？」於是，你決定先耐心地理解他的背景：他來自低下階層，自幼父母離異，少年時不慎誤入歧途，在朋輩的誘惑下吸食毒品，後來更鋌而走險不斷犯案，結果得到的懲罰一次比一次嚴重，更導致妻離子散。在了解他的背景後，你開始對他的行為多了一份包容及接納，明白他過去的所作所為，源於他沒有一技之長和適當的工作態度，也理解到他由於經歷了無數的失敗和挫折，無論對他人（包括他的至親）及自己，都已信心全失。漸漸你開始發掘到他有一些優點，有一次，當你很由衷地讚賞他是個守時而負責任的人時，儘管他有點兒不好意思，但你卻可以感受到他內心的喜悅。以後每一次的面談他都準時出席。另外一次，他告訴你，他打算整理好自己的儀容去面試找工作，你不但讚賞他，同時告訴他你對他蠻有信心呢！結果他找到一份正當職業，而且至今已上班差不多一個月了。亞成的進步，令我們感到快慰不已。

　　還記得那獨居老婆婆個案嗎？打從你第一次跟她見面，你便感到非常痛心。她百病纏身，卻要每天大清早拖着十分疲憊的身軀到街上拾荒。然後把拾回來變賣東西所得來的十元八塊，拿去買一些過期食品來充飢，一天三餐如是。而那些不能變賣的

東西就堆進她那本來已經十分擠迫骯髒的房間,留待日後有需要時使用。你多次勸她申請綜援和高齡津貼,以及棄置屋內「垃圾」;她不但不接受你的好意,還破口大罵你一頓。當時你對這個案的看法是:「這位老人家,為何那麼固執,完全不聽別人的勸告,我很相信,她是死性不改!」

其後我們討論這個個案時,發現婆婆自從年輕喪偶後,便一直在工廠工作,靠微薄收入勉強維持生計。直到有一天,她因身體不適而在廠房暈倒後,便被解僱了。自此以後,她再也找不到另一份工作。她因缺乏安全感,所以盡量要保留一些「有用」的東西,以備不時之需。另外,她要不斷證明她的身體很好,可以靠一雙手養活自己。

當你明白婆婆「固執」的原因後,你很有耐性地探訪她,表示對她的關懷。依你所說,有一天,她很「神奇地」請你替她安排申請綜援和豁免醫療費,同時也願意義工上門為她清潔家居!

敏臻,從你處理的三個個案中,相信你一定可以體會到:「人是可以改變的!」

社會工作者有這個信念和價值觀,是因為我們知道每一個人都有自我改變、成長和不斷進步的能力,以及發展的潛能!正因為我們有着這強烈的信念,我

們才會對服務對象有熱誠，對人對社會有承擔。

　　我很欣然見到你已掌握助人改變的箇中真諦。琪琪案例的成功，源於你相信她有潛能，對她的母親的經歷有同理心。亞成終於腳踏實地用自己的能力去取得一份正當職業，基於你對他的接納及不批判的態度，令你有機會去理解他犯罪背後的理由；也由於你對他的優點和能力作出無條件的讚賞及肯定，令他重拾信心地改過自新。「頑固」的老婆婆，終於可以改變，接受綜援，提高了對自己生活質素的追求，在於你對服務對象的責任感，讓她得到關懷，知悉本身的權利並獲得適切的服務。

　　我深信：只要我們在實務上堅守一些主要準則，包括：「接納他人」、「不持批判的態度」、「個人化」等，在助人的關係中表達我們的同理心、尊重、讚賞和真誠，「人是可以改變的！」

　　也基於這個信念，我們才能幫助具有向上、求進步潛質的服務對象成長及邁向豐盛美好的人生路！

　　祝
　　　生活愉快！

林綺文

林綺文老師

第4封信
服務使用者的能量

> 我們堅信每人都有其個別的潛質、獨特的能量。

倪凌錦霞
scngai@cityu.edu.hk

第 4 封信
服務使用者的能量

嘉欣：

　　你好，昨天你來電提及工作上的不如意，深受困擾，雖然我們已在電話中談了一段時間，不過，我仍想透過文字，更詳細地與你討論。

　　我還記得多年前你在課堂上聚精會神，異常投入的模樣，你說你被輔導的理念及魅力深深吸引，立志要做一個優秀的個案輔導員。所以，你不斷進修，期望自己能在這方面繼續發展。我一向很欣賞你對工作的熱誠與毅力，雖然你已畢業多年，不過，你還經常與我聯絡，分享你在工作與生活上的喜與憂，這都是我多年從事社工教育工作的期盼。你知道嗎，其實，我在你們身上亦學到不少，因為你們不斷的提問，使我不斷在不同的問題上反思。過程中，不單可以跟你們一起解決疑難，亦可讓我將問題看得更透徹，將問題的論據分析得更清晰，更鞏固。

　　言歸正傳，你所提及關於一位母親的個案中，她對弱能女兒的行為問題採取半放棄態度，無論你如何再三的面質她，仍得不到她正面的回應。你內心焦急，但卻又清楚自己不能太主導。嘉欣，我明白你對案主的複雜心情，有「恨鐵不成鋼」的想

法，很希望可以盡快把問題解決。根據你對個案的分析，你知道那位「母親」其實是有嘗試，而且亦有進步的，雖然進步並不顯著，可是似乎你與她都不太承認那一點點進步。她常常說：「甚麼也做了，全部都沒有用。」在你的角度，你亦覺得給她許多「意見」及「建議」，但她總是愛理不理，亦不能持續地去推行。而且，她近日更提出不希望再見你，並建議結束個案。

嘉欣，在這個個案上，我聽到你的分析，知道案主（那位輕度弱能的年青人）及其媽媽的情況，我明白你已做了很多，而她其實亦已應用了很多你所提議的方法；況且，根據你提供的資料，她是一個接受過高等教育的人，所以，假如在此時此刻，她提出結束個案，也未嘗不可的。我們常常說要教「案主」放手（let go），我們身為社工的，又何嘗不是要這樣呢？！這裏其實牽涉了一個重要的理念，就是「案主自決」（client self determination），而案主自決的背後就是我們要相信「案主的能量」。每個人都要走自己選擇的路，事實上，要達到一個目標，可以選擇不同的路徑，社工絕不可以指定案主要走哪一條路，只要案主是頭腦清醒的成年人，尤其當我們已盡力將不同的途徑都提出來之後，案主是

絕對有權去作出選擇，而正因每人有不同的能量，所以不同的人，或許就會因着自己不同的能量，而作出決定。以你提出的這個個案為例，那位母親提出要結束個案，同時可能就是案主發揮其能量的開始。

正如我最近督導的一位實習同學，他在醫務社工單位裏工作，經常覺得應幫助那些因病而失去工作能力的人申請金錢援助。有些病人雖然家境貧困，可是他們就是不願意接受綜援，那位同學便有戚戚不安之感，覺得這些病人的生活質素實在太差了。可是，我們是不是應該尊敬他們那顆熱熾想獨立之心，尊重及欣賞他們所擁有的能量和他們堅持自助的精神呢？當然，個別真的吃不飽、穿不暖的個案則例外。

我們堅信每人都有其個別的潛質、獨特的能量。所以，很多時我們懷疑是否可行之際，案主或許已將事情解決了。

相信案主的能量，其中亦可由我們有否過度保護案主的做法中看出來。最近，我有一位學生在會見案主時發現案主不停在「咳嗽」。查問之下，發現「案主」原來是一位肺結核病人。他心裏害怕，

好想戴上口罩，但又怕傷害案主的自尊。就這樣在戰戰兢兢的心情下完成了會談，及後，他便憂心忡忡的到處查詢自己會否受到感染。最終仍是要照X光片和做檢查，直至報告確定他沒有染病才放下心頭大石。這個例子，亦可反映出他太過杞人憂天，且亦太不理智。首先，在這情況下，同學不單止要自己戴上口罩，他更應教導「案主」戴口罩，因為他有責任避免把病菌傳播。我們作為社會工作員，第一，自我保護絕對是應該的。其次，就是對「案主」作社區健康的教育，亦是義不容辭的。我們實在不可看扁「案主」，認為提醒他戴口罩會傷害他的自尊。試想想，當你心裏暗地驚慌時作出的會談，又如何能令案主感到你的真誠呢？

再者，假如我們代入案主的情景，相信他亦不想將病菌傳播給他人，要是由於他的疏忽不幸地引致他人受感染，日後他得悉了，也會感到難受。到頭來，他反而埋怨工作員當時為甚麼不提點他呢。我們假設案主都是理智、講理的人，我們的提醒都會被接納的，若不，那我們更需要嚴詞地教育案主！（經過SARS一役後，香港人亦會深深感受到傳染病的禍害，與及每人對公共衛生所應負上的責任）。所以，同學的擔心，某程度上是有點不相

信案主的能量，不相信他們可以接納他人意見。同時，某程度上對自己的能量亦投下不信任一票。

　　嘉欣，希望你明白作為個案工作員，很多時候我們內心都會有掙扎，只要我們抱着對每位「案主」，甚至是我們自己，都有其個人能量的信念，不要想得太多，在適當時候「放手」，相信，很多問題都可以迎刃而解。

　　祝
　　　內心平和、安好！

倪凌錦霞

第5封信
點滴作用

我們不要忽略社工介入時所產生的點滴作用。這些點滴作用有時看來雖然微小,但日後可能為服務對象帶來巨大的改變。

甘炳光
sspkk@cityu.edu.hk

第5封信
點滴作用

小敏：

　　看過你在實習日誌內的分享，得知你最近進行個案工作後有不少反思。你在日誌中不下數次提出了一個相同的疑問，就是與案主進行了數次的輔導面談後，仍然看不到案主有明顯的預期改變，而你的實習工作也快將完結，你質疑自己過往的輔導工作是否有成效，以及社工的介入能否真的為案主帶來有用的轉變。

　　小敏，我十分明白你現時的心情。從過往與你的相處，可以看出你是一個十分關懷服務對象福祉的學生。你熱誠地投入實習工作，對提供的服務能否解決案主面對的問題及困擾非常著緊。我還記得，在最近的一次督導面談中，你也提出，為組員進行了四至五次的小組聚會後，其實可以為組員帶來哪些轉變？你也質疑小組完結後，組員能否繼續維持在小組所學習到的改變；社工所帶給他們的影響又能否繼續保持？

　　你所提出的疑問，其實表達出你對服務對象的關心，也反映出你十分渴望看見工作能夠帶來即時的成效。不過你要知道，社會工作是一門助人的工作，要幫助個人、家庭、社群或社會解決問題其實

第5封信 點滴作用——甘炳光

不是一件容易的事。我們不能夠期望社工的介入可以帶來即時的成效。社工不是魔術師,可以瞬間化腐朽為神奇,也不像醫生,給病人服食合適的藥物後,便可令病人迅速痊癒。很多時候,我們的工作只為服務對象帶來微小的轉變。面對着一些問題複雜的服務對象,有時更不容易看見他們有令人振奮的改變。看不到即時的成效,是否代表社工的工作毫無作用呢?

作為社工,我們要相信,社會工作所期望的改變及所帶來的影響不能一蹴而就,而是需要經歷一些過程。我們要多着重在過程中所出現的「一點一滴」的改變,多於強調在短時間內得到完美的成果。很多時候,在過程中所引發出的微小改變,其實得來不易,是社工需要珍惜和重視的。

社工有一個信念,就是縱使在工作上得不到即時的成效,都不輕言放棄,仍要堅持繼續實踐幫助服務對象的工作。因為我們相信成效可能暫時看不見,卻不等如以後也看不到。我們深信現階段的工作對日後的成果會有一定的幫助。我們現時未必控制到將來的成果,但是我們可以將現時的工作盡力做到最好,可以做得到的都需要去做,為服務對象謀求最大的福祉。

在這裏與你分享一個「拾海星」的故事。一位年青人傍晚到海灘散步時，看見不少海星被海水冲到岸邊。他正感到可惜之際，在不遠處看見一位老伯伯滿臉笑容，正在努力蹲下拾起一隻一隻的海星，將牠們拋回海中。年青人感到十分奇怪，心想：「每天都有無數的海星被冲上岸，老伯伯這樣拾海星有何用處呢？」他於是走近老伯伯身邊問道：「你為何在這裏拾海星，將牠們拋回海中呢？」老伯伯毫不思索地回答：「我每天有空就來這裏，將被冲上岸的海星拾起拋回海中，就可以拯救牠們的生命，否則，牠們很容易就會被猛烈的陽光曬死了！」那年青人繼續問：「沙灘上有這麼多海星，以你一人之力，可以拯救到多少海星的生命呢？你不覺得徒勞無功嗎？」老伯伯打量了年青人一眼，便微笑地回答：「我每次來這裏也沒有計算過可以拾起多少隻海星。我拯救了多少隻海星的生命並不重要，最重要的是當我看見有海星在沙灘上，我便去拾起牠，拾起多一隻海星，就可以多拯救一個生命。我不會因為拯救不了所有海星的生命而不去拾海星。你知道嗎？一個人雖然能力有限，但救得一隻就可以多一隻生命得以保存了！」那年青人聽了老伯伯的回應後，立刻蹲下，與老伯伯一

起將海星拾起，高興地將海星一隻又一隻的拋向大海中。

小敏，你明白這個「拾海星」故事的意思嗎？

社工就是要像拾海星的老伯伯一樣，不能凡事計算到具百分之一百成效才去做我們認為應該做的事。效益固然重要，但若社工事事為效益才做，而暫時見不到預期效益的便放棄；那麼，很多社會問題便不會有人去處理，不少服務對象便很容易會被遺棄。

社工精神所鼓吹的，是在沒有百分百確實效益的情況下，甚或在很多人都認為達不到即時效果的情況下，還是堅持自己的信念，繼續一點一滴地實踐我們盡量可做到的改變。

「那美好的仗我已經打過了，當跑的路我已經跑盡了，所持的信念我已經守住了。」（提摩太後書第4章第7節）。以上的幾句聖經金句不時提醒身為基督徒的我，不要忘記以上的信念。

小敏，你還記得在一次督導的面談中，我曾經與你分享不要輕視「一點一滴」的作用嗎？我們要相信，社工的介入及工作所帶來的影響其實會一點

一滴地印在服務對象的身上或他們的生命裡。很多時，這些一點一滴的作用是不容易讓服務對象及我們社工本身察覺得到的。

上星期我與兩位修讀兼讀制社工課程的同學分享他們在實習完結時最感開心的事。其中一位同學告訴我，她在中學所輔導的其中一位案主，每次與她面談都沒有很積極的反應，但在最後一次面談中竟然告訴她：「我很捨不得你的離開，很想告訴你，每次你在面談中與我分享的說話，我回家後臨睡前都有想起的，你的分享令我多了思考自己的問題，雖然我不懂怎樣回應你，但其實你幫助我不少呢！」

另外一位同學亦與我分享她在中學完成實習，回到在女童院的工作崗位時所遇到的一件開心事。在她重返女童院工作的第一天，她的同事將一疊信件交給她，這疊信件是一位女院童寫給她的。本來在她離開女童院休假進行實習工作前接觸過這女院童，與她有過一些分享，也對她表達了真摯的關懷，令到這女院童反思自己的問題，於是，她便每星期寫一封信給這同學，誠摯地與她分享自己的困擾及個人反省。

第5封信 點滴作用——甘炳光

這些例子並不是冰山一角，不少畢業了的社工同學回校與我分享工作所見所聞時，也常提到他們會在街上或在一些場合遇見過往曾經輔導過的個案或曾經一起有經歷的服務對象，往往聽到這些個案或服務對象向他們訴說以下類同的回饋：「你還記得我嗎？我還很清楚你曾對我講過的幾句很有意思的說話！……若不是當年得到你的關顧，支持及提醒，我便沒有今天的改變！」這反映出，我們不要忽略社工介入時所產生的點滴作用。這些點滴作用有時看來雖然微小或不顯眼，但對服務對象日後的改變可能會產生重要的影響。

「小莫小於水滴，漸成大海汪洋；細莫細於沙粒，漸成大地四方！」這幾句說話是我們社工需要相信及緊記的。

小敏，很想與你分享，「點滴作用」的信念除了推動我當年實踐社工的工作外，對我近年從事社工教學工作也有很大的幫助。相信你也觀察到或感受到，近年的大學教學環境比以前有更多限制，教學資源愈趨緊拙，社工老師面對不少的壓力及困難。而社工學生對學習社工的投入程度，以及對追求專業知識和技巧的熱衷程度則愈來愈參差。在日

常的教學工作中,社工老師不難找到同學們很多不足之處,而同學們在學術上的成就及在專業訓練下所表現出的個人轉變、成長及突破亦沒有這麼容易為老師帶來很大的驚喜。面對以上的情況,我曾經感到失落、沮喪,並質疑自己的教學效果,也擔憂同學們畢業後的專業能力。

小敏,你知道嗎?「點滴作用」這信念幫助我克服了以上的困擾。

我提醒自己要多留意及發掘同學在學習中所表現出來的微小轉變,多給予他們肯定及支持。我亦告訴自己,要多相信我的教學,我的付出,我的身教正在一點一滴地影響着同學們的成長,為他們打好基礎;雖然他們現時在學術上或專業能力上的表現未必合乎我們的期望,但我相信,在每位同學身上都已添加了不少改變的元素。我更不時提醒自己不要因看見同學們負面的表現而氣餒。我會多鼓勵自己並深信教學影響是漫長的,教學果效不是即時可以量度,是需要時間去驗證的。

去年九月,很開心收到一張從外地寄來的明信片,是一位在數年前曾受我督導的舊生寄來的,這位同學當年所表現出的散漫學習態度曾令我十分失

望，更擔心他將來從事社工的能力。但他在明信片上告訴我，他現正在外地進修心理輔導學，並特意告知我他一直緊記我當年對他的教誨，我的教學其實為他帶來不少衝擊及改變，對推動他的成長有深遠的影響。他正努力裝備自己，進一步改進自己的專業能力。

面對近年大專教育的艱難時刻，「點滴作用」的信念推動着我繼續堅守教學崗位，加添我對社工教育的熱誠。

最後，希望你能了解，我們要將社工的介入看成為一條連續線（continuum）。在助人的歷程中，每一位介入的社工只是在這連續線上的一點，在一個小階段中為服務對象帶來一點一滴的影響。每一個點或階段的工作都至為重要，雖然有時在某一點上所產生的成效不多，但這成效會為日後的介入帶來推動或促進作用。要真正及完全地幫助一個服務對象，其實是需要匯集每點或每階段的果效才成。

正如你曾經輔導過的一位中風病人，你知道要成功幫助他接受好的康復治療，首先需要醫務社工在他短暫住院時給予他情緒支持、安慰，協助他面對「喪失」健康的心理及生理問題及安排出院後

的照顧計劃。出院後，綜合家庭服務中心的社工可承接醫務社工的影響，協助他學習如何融入社區生活，面對與家人關係的轉變及尋找自己的新角色。若綜合家庭服務中心的社工將他成功轉介往參加病人自助組織，則自助組織的社工可承接過往社工介入的微小成果，進一步幫助他與同路人有信心地去面對長期病患，加入互助自助的服務工作，突破自己的障礙，積極地面對人生。

小敏，你留意到嗎？站在這助人連續線上每一點的社工，只可以盡力將自己的工作做好，究竟能否完全地幫助到服務對象，在那一刻是未能知曉的。但每一位社工所帶來的一點一滴的作用是不容忽視的，能否發光發熱，則要視乎我們能否有效地運用或連結不同階段介入的點滴作用。

你記得我曾與你們分享過為何我當年堅持在臨時房屋區從事社區工作嗎？當年不少社工都較喜歡在安定的社區工作，因為容易計劃工作的發展階段，也能清楚看見居民的成長及轉變。但臨時房屋區是一個過渡性的社區，居民居住了數年後便會遷離，所以較難看見組織工作的長遠發展及達到培養居民成長的成效。但是，當年我們從事臨屋社區工

作的社工都擁有一個共同的信念，就是在發展居民的連續線上，臨屋工作是一個重要的階段。若我們在這階段的組織及發展工作做得好，對日後居民搬遷上樓後繼續參與社區事務會有很大的幫助。居民在臨屋區所經歷的轉變或成長可能有限，但若基礎打得好，日後再遇到社工的介入，他們會更快及更樂意投入社區組織工作及願意積極地為社區作出貢獻。

小敏，希望你看完這信後，能夠多明白社工需要着重過程，多從「轉變」的角度去看成果。希望你更學會珍惜及重視在實踐過程中所見到的一點一滴的影響或改變，在實習工作中或在將來的專業崗位上，多去為服務對象累積及激發你可以做到的點滴作用。

過往，我們都喜歡用「北斗星」去形容社工，但近年，我較喜歡用「螢火蟲」替代！

螢火蟲雖然只能散發微小的光芒，但在曠野的黑暗處所產生的照明作用是不容忽視的。而螢火蟲雖然微小，但若將一大群螢火蟲聚集起來，就可以達到如燈泡一樣，發光發熱。

願我們社工都能像螢火蟲一樣,每個都「生來帶火」,雖然只是「微光」一道,但微光無處不在,願意同心攜手去將點點微光匯集起來,光照人間。

緊記保重身體,保持身心愉快!

甘sir

第 6 封信
社會工作的 3 個 C

當我們知道聯繫的力量,就不怕孤單;
當我們能培養出憐憫之心,便能以愛與
和平作為成長的能源;當我們深信並努
力貢獻,在逆境中也可找到歡愉!

利明威
ssleemw@cityu.edu.hk

第 6 封信
社會工作的 3 個 C

親愛的阿靖：

　　收到你的信件，得知你身心疲累。當我讀着你那幾行字：「那種低落、那種沉默……胸口壓着一陣一陣的疼痛……」，我的呼吸也不其然地窒礙了，胃部的抽搐也彷彿在呼應着你的失落！

　　我長長地呼了幾口氣，凝望着遠方，好讓我能在大自然安隱中得着力量。腦海中浮現了那日共你在督導會談中的片段。

　　你告訴我你心裏那種對自己期望所引來的重擔，及面對學業成績而產生的恐懼，和那伴隨高傲性格而來的孤獨。我還記得當時我靜下來，留下一點空間，讓你好好地痛哭了一場。

　　我還深深記得當我第一次出國時，攜着沉重行李步向宿舍那情景：有一位同學從遠處走來協助我，心裏頭那份喜悅實在難以描述。我也記起當我第一次跑畢 42 公里馬拉松時，一位朋友協助我解下鞋帶時，心裏頭對他的感謝。我也深深記起我第一次走上香港三尖之一的蚺蛇尖時，大自然給我啟迪時那一刹那的喜悅。

阿靖,這些就是我所理解的「聯繫的力量」（*The Power of Connection*）。

我們的出生本就是一種聯繫而產生的奇蹟。男與女的聯繫、母與子的聯繫、人與人的聯繫。而人與自然的聯繫本就是我們的本性,生命力的泉源。不幸地,因為生活的壓力,我們往往被孤立了。

社工的路途上,我們也很容易犯上三宗罪:自我膨脹、自我封閉及自我局限。

「北斗星」這外號,往往叫我們自以為是、誤以為我們是高高在上!我們忘了「北斗星」也只是龐大星際中的一點兒,忘了天與地本就是聯繫一體。就像我們在走上助人的路途上,忘了同行同在的重要。在設計多元化介入策略時,我們也忘了人的轉變本來就變幻莫測。

與此同時,繁忙的工作、密密麻麻的課程、做不完的功課,使我們不自覺地選擇了自我封閉。我們眼中只有工作,但卻忘了珍惜過程;我們只記掛個案,卻忘了體諒珍貴的人性;我們趕著目標,卻迷茫地送走了真誠。

自我的封閉叫我們流失了對友儕、對自然、對自己內心聲音的聯繫。面對現今社工專業前途的困擾，行業中所存着的怨氣及迷茫，還有我們每個人成長的獨特包袱，我們也不自覺地選了自我局限。

你還記得龜兔賽跑的故事嗎？龜選手的成功是牠選擇了接受自己，接受前行是一步一步的，朝着目標一步一步走。當牠接受自己，能與自己的過往聯繫，與自己的現在聯繫，和與將來聯繫，就在這一剎那，牠成功了。

阿靖，別忘了留點時間接觸自己的內心，聆聽那微聲細語。別忘了打開心窗，細聽那扣人心弦的音韻和朋友真摯的慰勉。更要踏出框框，融入自然，正所謂：「觀山岳悟其靈奇，因為遠觀山無色；觀河海悟其浩瀚，因為海水連天碧；觀晚霞悟其無常，因為夕陽無限好；觀白雲悟其捲舒，因為雲出岫無心。」

信中提及你為你的案主而傷痛，更跑到廁所中痛哭了一場。阿靖，我要恭喜你，因你已開始體會那種憐憫之心（Compassion）。

第 6 封信　社會工作的 3 個 C——利明威

　　你說到在家訪中，看到那媽媽差不多大部份時間對着窗戶細聲哭泣，你的心也碎了，你也深深感受到那種無助及無奈！你可知、「憐憫」（Compassion）一詞源自拉丁文，由「共同」（Com），與「痛苦」（Pati）合成。「共同」與「痛苦」不正是我們社會工作中重要的信念嗎？

　　在這裏我也記起幾段深刻的故事。有一次，你的一位師姐告訴我，當她畢業後第一次上門家訪時，案主嚷着要跳樓！後來，她於當晚從急症室中返家時（因她最後把案主送了入院），忍不住在車上哭了一場！我相信她哭不單是心理上的壓力，也是因為對案主的自我放棄而心痛！這令我回想起多年前，參加了一個成長小組，我也因為一位組員的分享及釋放，痛哭了一回！我要告知你，我正在學習及享受這全心全意與案主的同在呢！

　　還記得你另一位師姐曾在她的實習日誌寫着：「實習給我最大的反思是──走出自己的空間，主動進入別人的世界！」

　　阿靖，社工的路上，最令我歷久常新的就是這種「憐憫」（Compassion）的體會。這也是我們社工專

業最寶貴的一部份。能陪伴、分享別人的苦與樂、痛與喜,正是我們一份無價的祝福。

最後、我想和你分享我對「貢獻」(Contribution)的領悟。

近日,我參與了一項為內地山區學童籌款的步行活動,令我有很深刻的感覺。不同背景的朋友,為着山區的孩童,作出不同的貢獻。你可知這些簡單的貢獻,卻可以為山區的孩童改寫命運。「貢獻」不可以量化。有時候,我們的工作顯得毫不起眼;有時候,我們的服務看似可有可無;有時候,我們的努力顯得無關痛癢,但我們可別忘記,春雨綿綿,卻叫花草盛開;星光暗淡,卻在那黑夜中劃出光彩;細語關懷,更能於人生絕望中燃點生機。我們要明白,只需送上一個小小的微笑,便能帶給別人無限的歡喜和溫暖!

這段日子,社會工作步入叫人心酸的困境。前線工作人員工作量驟增;新入職同工的收入卻下降,前途缺乏保證;同工們缺乏了互信,失落了盼望。整個界別充滿怨氣、失望及困惑!但我們一定要深信,我們先別少看我們每一個人的力量和貢

獻！今日你和我作出的努力和貢獻，將成為他日變革動力的源頭。

當然，我們的貢獻除了是一步一步的，也可以是大膽及突破性的。我相信社會工作本質包含着革命性；同一時間，我也相信我們的貢獻是細微但具重要性（small but significant）。但要發揮這些貢獻，我們一方面要主動積極、同時兼備包容（positive and inclusive）。作出貢獻時，我們要具備足夠的承擔和堅持，另一方面也要憑着對將來擁有的盼望來接受我們現時的限制。

我還記得我參與一個長期病患者的挑戰營作義工時，一位病人分享了他當時的心聲：「紅梅傲雪冷霜，更顯玉潔冰清」。當我們的社會因環境污染，而變得混濁；當我們選擇利益，而摒棄了公義；當怨氣蓋過了寬恕；當社會服務變成了交代數字。當這一切一切都叫我們氣餒時，我們必需互相提醒，只要我們堅持貢獻、努力耕耘，我們必能走在希望的道路上。

阿靖，希望這三個C（Connection, Compassion & Contribution）能為你疲累的身心帶來一股清新的能

量。同樣，我也盼望這三個C也可成為你和你的服務對象生活體驗的分享。

當我們知道聯繫的力量；能夠與內心世界聯繫、能與別人聯繫、能與自然聯繫、能與過往現在及將來聯繫，我們就不怕孤單，並能同舟共濟。當我們能培養出憐憫之心，便能驅走暴力，以愛與和平作為成長的能源。當我們深信並努力貢獻，我們也不再自卑，逆境中也可找到歡愉！

祝
　勇敢向前行！

利明威

第7封信
實踐與信念兩面體

社會工作實踐和信念事實上是一體兩面,不能分割。社工專業的核心價值就在社會工作者的實踐上展現。

關偉康
scrwhkwa@cityu.edu.hk

第 7 封信
實踐與信念兩面體

漢輝：

　　知道你獲大學取錄，修讀社會工作課程，希望成為社工界未來的接班人，我實在非常高興。或許就在你開課前夕，與你談談社會工作的本質，引用一些案例，和你分享社會工作的實踐與信念的關係。

　　社會工作者一向形象不太鮮明，由於社會工作範疇頗廣，手法多樣，由協助個人、解決家庭問題，以至採取激烈的社會行動也與社會工作有關，一般人只有個較模糊的概念，認為社會工作者的主要任務是協助有需要的人解決困難。

　　怎樣實踐社會工作？最基本的方法是社工因應受助者情況而作出介入。社會工作者針對不同類別的受助者進行評估，了解需要，策劃相應行動。這些行動包括個案輔導、小組活動、社區教育以至政策倡導。所以社會工作向來離不開個人與社群的實際情況。

　　社會工作信念就是這行業背後的價值取向，也是這行業對於社會工作者的基本要求。價值觀有其特質，在於具有獨特的社會和文化基礎，具有涵蓋

性,透過經驗總結得來,它的功能在於指導相關人士的行為操守。

以下我希望用三個案例,和你討論社會工作的介入與價值判斷的問題:

個案一:

亞宜,女,十七歲,數年來屢次犯事,由遊蕩到偷竊,生活散漫,經常與父母衝突。由於在親友家盜取珍貴財物,被發現後由家人報案,被判入懲教機構。旁人解釋她的背景和犯事動機,無非歸究其個人的不足,如性格貪婪,好高騖遠,心存僥幸,不思進取,或是家教不嚴,導致如此下場。

社會工作者懷着對人的尊重,認為每個人有其根本的價值,接納案主,以友善、關懷的態度,了解案主的困難,評估其需要。這種關懷不代表社工接受案主的不良行為,社工認為亞宜要對自己的不當行為承擔責任。

社會工作者介入亞宜這個案的目標,為協助她重建生活的秩序。首先社工要和她建立工作關係,讓她感受社工的關顧,信任社工,與社工從新檢視

她的過去，計劃將來。所以社工與亞宜達成協議，協助她處理日後的生活，重新學習，適應社會。

從這個案例看，如果社工未能篤信「尊重個人」及「發揮潛能」這兩個價值觀，恐怕很難接受案主的過錯，也就不可能與案主開展輔導的工作。

個案二：

亞耀，男，四十七歲，曾患妄想症，傷人。自離開精神病院後，未能找到合適工作，找到了工作也沒法做較長的時間，往往數天後便因表現欠佳被解僱。

社工首先鼓勵當事人積極學習工作上所需要的技巧，提高就業動機，並就個人的不足逐一改善，減少上班時吸煙、躲懶、以及和同事口角等情況。同時安排亞耀在機構創立的模擬小食店中實習，好讓亞耀養成良好的工作態度及習慣。社工與店內職工合作，評核他的表現，並加以鼓勵和提點，務求使他有充份的準備，再試工時能夠從容應付。

社工更加在社區資源方面探索，發掘適合精神病康復者的工作職位。在社區內聯繫相關行業的僱主，向未來僱主推介康復者，穿針引線，使僱主聘到合適的職工，康復者得到僱用，重投社會，過着

正常的生活。

從這個案例可以看到社工關注的不單是個人的需要,而是針對像亞耀這類精神康復社群的特性,加以協助或訓練;同時配合社區的狀況,讓當事人得到較公平的機會,能夠發揮個人的潛能,投身工作。在整個介入的過程中,社工運用了不同的手法,由個案工作到社區教育,而且當中不乏困難,如案主工作動機低,僱主對康復者的抗拒等都要處理。

社工工作背後的推動力,在於社會工作的信念,因為社會工作者深信人能改變,人有滿足需要的渴求,社會須給予弱勢社群適當的資源及發揮的機會。

個案三:

華叔,七十七歲,獨居,與在內地工作的兒子每年電話聯絡一次,形同陌路,在港的姪兒探訪他時屢生口角,只因華叔脾氣暴躁,與人相處困難,許多時無故發難,姪兒勉強接受只是基於親戚關係。

華叔曾中風導致左腳麻木,行動不便,經社工評估後安排送飯服務,但華叔沒有改變飲食習慣,

感到機構提供的飯餸不合口味,不依醫護的勸喻,自行購買喜歡的副食品,結果再次入院,情緒極度低落,以為自己必死無疑,更產生自殺念頭。

華叔總以為旁人嫌棄他年紀老邁,於是排斥他人。事實上他對人態度惡劣,事事不滿,都是因為對自己年老的挫敗感而產生。

社工秉承重視個人的信念,顧及華叔的獨特性,在華叔再度入院,面對生死的關鍵時刻進行探訪、慰問,陪伴華叔度過這些艱難的日子;社工深信人際關係的重要,透過與華叔的聯繫,讓他感受關懷和支持,從而打消自殺念頭。

從上述案例中可見,社會工作重視個人尊嚴和價值,相信每一個人具有潛能,個人自決的權利,並享有發揮所長的機會,有權獲取適當的社會資源,滿足個人正常的需要,以及私隱權、平等機會和社會公義。

請要留意,社會工作價值取向大體都是與社會、機構、專業、以及與實踐有關的。與實踐有關的價值取向,包括專業承擔,執行任務時須用心、盡力、持平、公正、竭盡所能,考慮多方需要,並注意本身的操守。

這種專業的態度，包含着對受助者個人和其私隱的尊重。社會工作行業透過訂定工作守則，對社會工作者作出要求，作為工作操守的指引。所以社會工作者都需要有高尚的品德、良好的操守、忠誠、可信，亦即社會工作行業不容社工濫用權力、剝削受助者及相關人士。在協助受助者時，盡量使當事人參與影響自己的決定，多方考慮當事人的個別情況，亦要倡導改善社會上不同範疇的政策。

社會工作實踐和信念事實上是一體兩面，不能分割。社工專業的核心價值就在社會工作者的實踐上展現，包括：

- 尊重個體價值獨特性，同時亦兼顧整體社會需要，在個人和社會的利益中求取平衡。
- 服務社群，以專業知識、技巧和態度，協助有需要的人士，不要求經濟上的回報。
- 追求公義，挑戰社會不公平現象，改善政策，使社會邁向多元。
- 着重關懷，視受助者為伙伴，共同參與助人歷程，從而促進個人及社群的福祉。
- 修德立品，以忠誠、負責的態度投入工作，精益求精，追求卓越。

- 專業能力的提升,增強知識、技能,以至在專業知識上作出貢獻。

從以上三個案例中,我們見到社工所採用的方法,是建基於社工的判斷,也就是對受助者的理解,而專業判斷背後就是價值的取向。簡言之,社工所做的事,便是了解受助者的需要,不論受助者的過去,社工仍竭力協助,只因尊重受助者。

希望以上短短的文字,能幫助你釐清社工介入與社工信念的關係。最後,我也想與你談談社會工作的源起。社會工作可說是一門緊扣道德價值的行業,它有明確的目標。源起於協助無助社群,一方面輔導受助者,另一方面為弱勢社群爭取權益,倡導社會改革。

讓我們參考美國這個先進社會的社會工作發展過程,便不難得到啟示。學者 Reamer 指出,美國的社會工作於十九世紀冒起,當時社工的主要任務為救濟窮困人士,糾正其不良生活態度,使他們勤奮工作,改善生活條件。

二十世紀初社會工作焦點轉向因社會改變帶來的負面狀況,如房屋、衛生條件、就業以至教育的不足。二十世紀四十、五十年代,社會工作行業關

注業內人士的操守，開始制訂社會工作者工作操守指引。

二十世紀六十年代，美國社會較為動盪，驅使社會工作者關注社會公義、人權、受歧視以及被迫害等課題。七十年代以後，社會工作和其他行業一樣，面對新生事物的衝擊，關注道德與操守的課題。科研上的新發現逼使專業反思本身故有的價值觀，例如試管嬰兒、安樂死、器官移植等現象無不引起爭議。

與此同時，美國政府行政失當的醜聞均被傳媒廣泛報道，社會人士對專業界別的操守頗有意見，認為專業人士在受助者身上獲得利益，有違社會對專業的期望。自八十年代起，有關社會工作價值觀及操守的著作湧現，探索例如兩難困局如何取捨的問題。

香港的發展情況又如何？香港的社會工作，在半個世紀以來的發展步伐可謂迅速，由開始以救濟為主導到九十年代服務多元發展，經已具備一定的規模。同時社會人士權益意識的提高，對社會工作的要求亦有增無減。而社會的急劇變動、科技、文化的發展，人們的意識型態亦隨之而改變。社會工作的價值觀，故此並非一成不變。

加入社會工作是項很大的挑戰，近年來，社會工作在服務上引入管理主義思維，行業趨向非專業化，導致社會工作者忙於自保求存，對社會不平事保持沉默，顯得被動。社會工作背後的信念和價值取向，或多或少在無意及無形中被受衝擊、侵蝕，服務質素是否有所改善仍然有待檢視，但可見的現象是社會工作者面對壓力，既要應付沉重工作又要保持服務質素，因此，你要緊記，當社會工作者並非易事，時刻必要對社工的信念作深刻的反思和自省。

　　漢輝，透過將來的理論學習與實踐，必定能為你踏上社工的旅程鋪路。我有信心你必定可以做到的。

祝
　　學習順利！

關偉康

第 8 封信
有「助」無類——社工為誰服務？

> 對受眾的偏差行為，不作道德審判，只持開放態度，加以慰問與關切，盡一己能力去輔助與幫忙。

黎定基
ssdklain@cityu.edu.hk

第8封信
有「助」無類——社工為誰服務？

小芬：

你是基督徒亦是外展社工，在與你交談之中，我發覺你遇到性道德態度問題，例如對流行雜誌之色情內容、性濫交、同性戀及墮胎等，產生很大的思想矛盾，不知如何面對。

性是一個歷久彌新的課題。在我過往接觸的青少年中，有同性戀者，也有談過戀愛的，他們大都有性經驗，當中有些亦有肛交、墮胎或生育的經驗。在輔導的過程中，我從來不會迴避「性」這個話題；我還會主動談性，好讓我的服務對象知道我的開放態度，使他們更樂於與我傾訴。在我的經歷中，工作員的態度越開放，年青人越能打開心窗，毫不忌諱地向你訴說他們的經歷、疑惑和憂慮。

在香港，成年人儘管心裏明白性是成長必經的階段，可是口裏卻總是說的清高，社會上藏有雙重道德標準，有錢就可以三妻四妾，好像笑貧不笑娼的觀念，令青少年無所適從。這種表面「清高、純潔」的姿態，在青少年眼中只是又高又厚的圍牆，把你和他們遠遠地分隔。曾經有一次，我有一位同事調職，遂由我接手跟進一個少女組群。在頭一次的面談裏，我輕鬆地跟她們談起性來，怎知道她們

透露現正在卡拉OK任女伴唱,並訴說如何被客人調戲的經歷。細問之下,原來她們與前工作員從未提及有關性的話題;因為前工作員曾經表示自己是基督徒,主張婚後才有性行為,所以不能有肛交、墮胎行為。如此,這群少女就被隔在圍牆之外。

這次遭遇讓我深深反省,有時候,我們一些細小的舉動,一句我們以為是微不足道或理所當然的話,便足以將我們和年青人分隔開。他們不願意對我們說真話,是因為他們知道我們的底線、知道我們的喜惡,於是就只說我們接受的話題來「遷就」我們。

由此可知,一個社工該謹慎地不讓自己的價值觀直接反映在其工作態度上,否則一個主觀的判斷可能導致一個決定性的結果,更甚者也影響了彼此之間的觀感與信任關係,工作起來自然就有了隔膜。

又有一次,在會議桌上,大家為提供雜誌的問題激辯起來。由於我們的中心沒有資源購置雜誌,故有些同事會把家中的帶回來捐贈予中心。有同事認為那些休閒雜誌有太多暴露的圖片,意識不良,我們作為提供者,是否就代表我們都接納、認同那

些雜誌的道德標準？席間頓時議論紛紛：到底應依照誰的道德標準作判斷呢？假如我們要揀選雜誌的圖片，那報章上的暴露圖片又怎樣處理？是否同樣要揀選一番？要刪去「風月版」嗎？可是「娛樂版」跟「風月版」的圖片也不相伯仲……

我們是否需要塑造一個「潔淨無菌」的空間給服務對象？他們又是否那麼不懂判斷、不堪一擊，而需要我們提供這樣的保護呢？這些都是討論不完的課題。

面對同性戀者受眾，我們同樣也好像不知所措，我們不太知曉同性戀者的問題究竟是源自先天或後天。我們也沒有受過同性戀者的輔導工作訓練，因此不敢輕易接受面對問題的挑戰。在台灣，我遇到一個個案，他是同性戀者，也感染了愛滋病，被父母離棄，不能參加親妹妹的婚禮，父親要送東西給他，也只能在「捷運」交收，面對這種情況，作為社工應如何自處？讓自己的恐懼與喜惡戰勝了社工的責任？選擇逃避或是面對，讓他知道這一切並不是他的錯呢？這些經驗皆在考驗着社工，在其自我價值與工作態度上取得一個平衡點，不致互相矛盾、內心掙扎。

從事外展服務工作的你，面對青少年及服務受眾的各種需要和挑戰，時刻都需要找機會讓自己反思既有的性價值觀。我們如何運用社工訓練與同理心關懷去幫助他們，實在需要有無限的智慧與勇氣。以下是我的一些個人提議的方法：

　　（一）不作迴避，卻堅持原則──包括青少年時下之性道德觀，以至同性戀者之內，均一視同仁地接納與關懷；然而愛心不是縱容，也不是否定道德與倫理。

　　（二）不必作認同，卻開放與接納──我們慎防患上「性道德淪亡」及「同性戀者歧視症」，有些社工較傾向同性吸引，或有近似的打扮，但這不表示有此表現的皆是男同志或女同志。

　　「我不贊成肛交、濫交與墮胎，但並不可避免它們是存在的社會現象。」

　　「我不贊成同性戀（斷背山現象），但並不歧視同性戀者。」

　　（三）不可放棄，卻充滿關懷──對受眾的偏差行為，不作道德審判，只持開放態度，加以慰問與關切，盡一己能力去輔助與幫忙。

所以作為社會工作者，我們應幫助個案受眾（如肛交、濫交、墮胎者）考慮每做一件事的後果；決定是否有兼顧情、理與法三方面的考慮；設身處地為他人着想，在作決定前先考慮這樣做會對別人造成甚麼影響，也應考慮別人會否認同。

我們要留意社工的助人角色與整體社會相互的影響。社工需要愛護、尊重和接納我們的受眾（不論他/她是否性濫交、同性戀者），但又不等同社工應因為尊重他/她的抉擇而參與受眾人的生活方式。若是這樣做，社工就讓個人情感蓋過了獨立思考和理智分析，也漠視了社會整體的利益，只着重於個人或個別團體的利益了。

無論如何，社工不應只顧幫助道德上被認可的社群，而抗拒或不接受服務社會上的道德邊緣社群，例如性濫交者、同性戀者或愛滋病患者，我們要像醫務人員（有醫無類）或教師（有教無類）一樣，鼓吹有「助」無類的精神，舉凡遇到社會上有需要的社群，社工都應該放下道德包袱，責無旁貸地去幫助他們解困。

小芬，我希望在繁重的工作壓力之下，你仍能重新認識自己，覺察自己的生命經驗，進而處理自

己的情緒，化解矛盾，以致在面對社會問題之餘，仍能保持個人獨立的看法與分析。首先要提升自我認知，去面對不同的性價值觀念，甚至重新考慮自己個人的性價值觀念，在眾多不同之性價值觀之中找出以何者為優先，以致我們能幫助服務對象做同樣的明智抉擇。社工擔負幫助輔導服務受眾的角色之餘，也應先提升個人的自我認知能耐，以獨立思考分辨清楚自己本身的性價值觀和立場。服務受眾既是我們的個案，也是我們的導師，他們經常引領着我們去尋找或發掘出一些解決社會問題的新方法與新導向。

祝
　　工作愉快！

黎定基

第 9 封信
生命影響生命——社工運用自我的重要

> 若我們期望有高質素的生命內涵,便需要學習不停地檢視自我,更新操練,提升個人的生命質素,並透過「運用自我」來影響他人生命。

陳偉文
ssrchan@cityu.edu.hk

第 9 封信
生命影響生命 —— 社工運用自我的重要

親愛的詩慧：

　　知道你快要從社會工作學系畢業了，很替你高興。經過數年的努力，你終於可以一步一步地接近理想，成為一個社會工作者，為社會上一些有需要的人提供服務和協助。印象中，你是一個很有抱負和承擔的人，我有信心你必會成為社會工作行業上的一盞明燈，為未來的受助者帶來新希望。希望藉着這封信與你互勉交流。

　　社會工作與一般行業不同，因為它是一份直接「對人」的工作。社會工作者對服務的投入、對受助者的關懷，以及對工作的熱誠，都直接或間接地影響身邊的人。「生命影響生命」雖是老生常談，但正是我們在社會工作上不能忽視的使命和理想。那麼，怎樣才可以「生命影響生命」呢？

　　當兩個或以上的人走在一起，兩個不同的生命必定互為影響。一個生活積極的人可以影響一個處事消極的人；同樣地，一個憤世嫉俗的人也可以改變一個滿有理想的人。生命的交流，其實十分奇妙。作為滿有抱負的社工，大家總希望可以透過自己個人生命的質素和魅力幫助人，為他們帶來正面和積極的影響，藉此改變和引導他們重入正途。

第 9 封信　生命影響生命——社工運用自我的重要——陳偉文

　　若想擁有具影響力的生命，首先要擁有高質素的生命內涵。假如生命中缺乏質素，個人便失去感染力。我們需要學習不停地自我省察和更新操練，提升個人生命質素，並透過「運用自我」（use of self）來產生影響他人生命的推動力。

　　要「運用自我」，必須對所運用之物有深切的認識和了解，你是否很了解「自我」？每一個人或多或少也認識自己，但作為一個前線社會工作者，我們認識自我的程度應該需要更深更遠。假如自己也不清楚個人的需要，我們又怎樣能客觀而有效地協助他人滿足其需要？假如不知道個人的限制，我們又如何帶領受助者跳出他們的框框？

　　要了解自我，我們需要擁有一種敏銳的自省能力。假如有人問道，你對自己的優點與及缺點有多了解，對個人的局限又是否瞭如指掌；同時，對你身邊能夠運用來協助自己解決不同類型困難的資源又有多少掌握？你會如何回應？若你不能給一個具體而肯定的答案時，你對「自我」的了解便出現問題，反映出你對身邊的資源也不太了解。那又談何「運用」呢！

認識自我的另一方向應從家庭背景入手，家庭對人帶來的影響非常深遠，每一個人都有不同的成長故事，造就不同的性格和人生價值觀，這會直接或間接地塑造出我們對社會工作上的不同立場和處理手法。特別是很多社工忽略了自己與父母、兄弟姊妹之間相處時出現的問題，情願把多年來的家庭問題或困擾壓抑起來，不欲多談。要留意，假若我們被自己家庭的枷鎖纏繞，我們又如何協助受助者，繼而「運用自我」？事實上，身邊的人總有一些家庭問題是解決不來的。有時候，家庭問題之複雜不能在短時間內解決。我認為只要提高個人的自省能力，留意家庭對自己的影響，鼓勵自己面對和處理，才是認識自我，運用自我的良方。

　　清楚了解自己，是生命影響生命的基本條件。另一方面，由於社會工作經常要與人接觸，怎樣與人相處溝通，妥善處理人際關係，對社工顯得格外重要。

　　一個擁有良好人際關係的人，必須是一個成熟、客觀而心胸廣闊的人。若期望要以個人生命來影響他人生命，必須要對生命有承擔、有抱負、有理想，懂得「尊重」別人的獨特性，崇尚人性尊嚴

的地位。這正是羅吉斯（Carl Rogers）對人性其中一種重要而獨特的觀點。

「尊重」在社會工作上是一種很重要的內涵。尊重蘊含一份欣賞、重視和接納。尊重，可包括他人和自己。例如，在一次有小學生參與的戶外活動中，假若我們尊重他們，即使他們只是小朋友，我們都會很自然地邀請他們發表個人意見，因為這是尊重他人。但怎樣才是「尊重自己」呢？「尊重自己」與「運用自我」又有甚麼關係？

我們若不能掌握如何尊重自己，便不會知道如何運用自我。既然「尊重」代表了欣賞、重視和接納，那麼，尊重自己即表示欣賞個人的獨特性，重視個人的情感和接納個人的限制。在面對面處理受助者之困難時，這種「尊重自己」的情操尤其重要。

有時候面見案主，我們會因案主的經歷或問題而感困擾，你有否留意自己的情緒？有沒有重視這種種情緒？還是不經意地容許這些已深深埋藏的感受再藏得更深？情緒代表個人的需要。要認識自我，我們便要尊重這些隱藏的情緒，並有效梳理。要有效地自我運用，必須經常省察個人的情緒，及

其背後對自己的意義和啟發。常常擱置自己的問題，否定個人的需要，最終只會「耗盡」自己助人的熱誠。

緊記：要擁有生命影響他人生命的特質，必須維持健康的心理質素和安全感。我們要找到安全的依附（secure attachment），讓自己有自信與人相處，容易與人建立和諧的人際關係。反之，假若缺乏這種依附，人會變得過份依賴，需要靠別人在情緒上的支援來建立個人安全感，例如他們會期望得到受助者的欣賞或認同來作為對自己價值的肯定，又或者藉著協助受助者而帶來個人對情感依附的滿足。這種不健康的心理狀態，影響了對雙方精神上的發展和成長。

「生命影響生命」並非只是一個社工界的口號，而是一個使命，一種理想。

「運用自我」並非只是一種手法或技巧，而是一種情操、一種個人品質的修為。

我們要學習豁達，以開放的胸襟面對世界，以客觀的眼光檢視自我，以尊重的態度接納自己。

讓我們共同努力，操練自己，並緊守自己的崗位，以個人的生命影響他人的生命，作為一點小小的燭光，燃亮身邊每一個人。

共勉之！祝生活愉快！

偉文

第10封信
信任關係──最有力的介入

社工的助人過程中,「信任」可以令受助人感受被信任,進而信任人,可以自由地感受及表達自己。

陳國康
r.chan@cityu.edu.hk

第 10 封信
信任關係——最有力的介入

Peggy：

　　時光飛逝，你的碩士課程快將完成，你一直渴望到社工的崗位上發揮自己的潛能，在幾個月後將會夢想成真。過往幾年，看見你日漸成熟，處事亦十分得體，在宿舍擔任導師的工作中，亦看到你與不同的宿生建立良好的關係，取得他們的信任和尊重，對於你在未來的社工崗位中的表現，我是十分有信心的。

　　相信你與舊同學的往來中，亦感受到這幾年間社會福利界的變動，其中一點令人憂心的是與受助人的工作關係，由過往講求「信任」（trust），轉變為以信心（confidence）為基礎的消費者與提供者的關係。

　　所謂「信心」，是建基於清晰的角色期望、共同遵守的規範、專業知識、規則及法律體系。與人或機構的交往中，信心是建築在種種規限所提供的可確定和可預期性（certainty and predictability）上，受助人無須承擔不必要的風險，便獲得可期望的服務。

　　「信任」與「信心」不一樣，「信任」超越了這些制度化的因素，受助人（以及社工）都要接

受不可預期的風險,但仍彼此願意接受及投入服務過程。「信任」是介乎人與人之間的關係特質,而「信心」是指個人與抽象體系(abstract systems,例如規則,法制,專業知識等)的關係。

在近年的福利改革中,制度化已成為不可逆轉的趨勢,事事講求可量度及指標化,處處講求指引及標準程序。要改革制度,精益求精,本屬無可厚非,一定程度上亦有助於糾正界內過往行政紊亂的陋習。但假如矯枉過正,程序只重交代問責,以為「程序立而一切流弊止」,受助人對服務的信心便會自然增強,服務質素亦會自然提升,以我服務社工界別多年的經驗來看,似乎未必全對。在強調制度的同時,人的因素卻往往被忽略了。

再看看近年,各種助人專業都受到消費者主義的影響,受助人不再稱為受助人,變成服務使用者、顧客或消費者。社工則變成服務提供者,社工個人素質如何並不重要,對社工的信任高低亦不重要;重要的是基於對抽象系統的信心,能否依照標準化程序,提供合適的服務,滿足消費者的需要。

社工與受助者之間的信任關係,長期以來被認為是受助關係不可或缺的部份,而「信任」本身

亦有治療的作用。但現時的社會工作卻似乎過份強調技巧及制度（當然這兩方面是重要的），這種側重，卻往往輕視了「信任」的重要性。在社工的助人過程中，「信任」可以令受助人感受被信任，進而信任人，可以自由地感受及表達自己。受助人期望社工是有耐性的，明白自己的，關顧及重視自己的需要，這些特質是不可能透過規限而達致。透過建立信任的關係，受助人亦可得以增權，願意嘗試自己解決問題，承擔責任與接受後果，而這種信任的經驗往往是受助人在其人生經歷中較缺乏的。

事實上，社工所處理的問題千頭萬緒，在分析及介入上，往往存在許多變數，受助人與社工之間的信任，願意冒險去嘗試是十分重要的。透過這種信任的關係，產生出情感的支持、肯定、明白、接納、安慰及指示，信任得以鞏固，介入更有果效。

我在去年進行一項有關「信任」的研究中，發現受助人普遍存在對人及制度有低度信任的傾向，在尋找有甚麼因素改變他們的信任度時，發覺受助人最多提及的並不是某某機構的制度如何，形象如何，又或規則如何完備，反而是在受助過程中所經歷與社工的接觸，感覺到工作員的個人素質，因

而受到感動,改變自己,願意投入受助過程。該項研究中常被提及的個人素質包括:親切、友善、真誠、細心、聆聽、耐心、諒解、尊重、熱心、誠實及坦誠。受助人形容這種經驗有助於他們與工作員建立互信基礎,亦鼓勵他們與其他人建立關係。

也許這些研究所得有助提醒我們,社工是一門對人的工作,最根本的關懷是人——無論是受助人或社工本身,個人素質與工作關係的本質是十分重要的。

科學的管理主義,完善的準則及程序,精妙的介入技巧,是不能完全取代工作關係的重要性,而這個工作關係是建基於「信任」,是「道德」的範疇。

強調規章只會增強信心,是對制度的信心,但有可能間接降低對人的信任,在這種「去人化」的環境中,信任是不可以植根的,受助人及社工兩者之間,以至機構內部,亦難以建立信任;反之以問責為本,事事監管或投訴,強調規章以致增加運作(例如監管及訴訟)成本,受助人控制介入過程,專業人士採取防禦性治療介入手法,打擊專業人士的道德動機,冷卻工作員的服務熱情。這不是今天

部份醫生所面對的困局嗎?

　　Peggy,我深信你明白信任關係在社工工作的重要性,亦希望你能理解在現今的社會中,社工正面對許多的挑戰。你將會面對的受助人(可能他們更喜歡以顧客自居)對你的要求,可能會超出你所想像,但重要的是你能明白社工工作的真正意義所在,就算是隨形勢而轉變,亦不會迷失自己的信念。

　　制度、規章、知識及技巧都是重要的,但建基於信任(而不單只是信心)的工作關係及工作環境,對社工及受助人同樣重要。

　　祝順利畢業及找到一份盡展理想的工作!

老師
陳國康

第11封信
與服務對象共舞

要能幫助服務對象,便要先放棄想要牽着對方鼻子走的念頭,要先了解對方,然後因應對方的需要、獨特性來與他同步前行!

胡黛莉
scwtl@cityu.edu.hk

第 11 封信
與服務對象共舞

樂兒：

　　看過你的來信，知道你在工作上感到有點氣餒，感到自己很努力地要幫助服務對象去解決問題，但他們總好像「不領情」！撇開那些根本不認為自己有問題需要解決的人，即使那些感到困擾而曾經主動向你求助的，到後來總提不起勁、甚至拒絕你提議的解決辦法。這種種情況，令你感到沮喪。

　　對於向來以「助人為快樂之本」為座右銘的你，產生這種情緒，實在是正常不過的事。不過，我個人認為，問題正是出在你這句座右銘之上。我並非要打擊你助人的決心，而是我認為作為一個社會工作者，應要以「以助人快樂為本」為原則。

　　試想想：「助人為快樂之本」，快樂的是誰？明顯地，這句說話反映的是將「助人」作為一種「令自己快樂」的手段。

　　在這種前提下，我們容易傾向以自己為本位，以自己的角度去理解問題、去推敲可行的解決方法；即使有服務對象同時參與於整個過程，我們仍然容易傾向於希望對方認同我們的看法和建議；

當對方不是這樣想的時候，我們便會感到氣餒、沮喪。

但「以助人快樂為本」則是以「令對方快樂」為目的，而不是追求自己的快樂。

按照這種思路，我們會以對方的角度來了解問題，我們會嘗試了解對方的情況、處境、能力、限制等等，來發掘可行的解決方法。雖然到最後，解決的不一定是我們認定的問題，採納的亦不是我們心目中認為最佳的解決方法，但對方卻因為自己心裏的問題解決了，而且是採用了他/她認為最適當的方法，因此而感到快樂（當然過程中我們需要引發他/她去思量他/她所認為的最佳方案中的利弊和限制等）。

你可能會說：啊，那可容易得很，那就是「他/她喜歡怎樣就怎樣」就可以了！或者說：啊，那我們所受的訓練，豈非多餘？請不要誤會！我可沒有叫你放棄你的專業判斷，亦沒有叫你任由服務對象自生自滅。我只是說：要能幫助服務對象，便要先放棄想要牽着對方鼻子走的念頭，要先了解對方，然後因應對方的需要、獨特性等等來與他/她同步前行。

再進一步作「市儈」的想法，假如我們能先用他/她的角度來看問題，用他/她接受的方法去協助他/她解決問題，當問題不能解決時，則責任並不在我，但問題一旦得到解決，對方感到欣慰及自信增加之餘，亦會覺得你能表現出對他/她的支持，基於「識英雄重英雄」的情緒之下，他/她自然會較容易在隨後的日子接納你的意見和想法。

　　以前曾經有一位同學，她在實習時需要處理一宗個案。案主是一位已入住院舍的婆婆，她因為糖尿病的關係早已失去一條腿；當同學介入時，婆婆的眼睛亦已因糖尿病影響而患上白內障。雖然如此，婆婆仍不願「戒口」，而且經常請其他院友代為「走私」一些「違禁品」進院內；可想而知，她的糖尿指數自是長期高企了。

　　同學接了這宗個案後，希望協助婆婆戒口，避免病情惡化。在第一次與該婆婆接觸時，同學苦口婆心地向婆婆解釋戒口的重要性、不戒口的惡果，結果是差點沒被婆婆亂棍打走（當然這是誇張的說法，不過，假如婆婆不是缺了一條腿，並且尚對社會規範有點認識，後果就難說了！）。後來，同學採取了不同的策略，就是不再去「教育」婆婆，反而是表示理解要戒口的難處。

婆婆在不自覺的情況下，自動表示為自己的健康著想，實在應該要嘗試戒口了（雖然說的時候很真心，但只是一時衝動說出而已，事後定必反悔），同學馬上抓緊機會去讚賞婆婆能為個人健康著想而去忍受戒口帶來的「痛苦」；但因為知道婆婆向來都是一個「講得出，做得到」的人，所以，即使困難，相信婆婆也可以實行（已借機把她捧高，想下台也不容易！）。然後更買了一包適合糖尿病人吃的巧克力送給她，當婆婆收到的時候，她簡直不敢相信！因為長期以來，人們都只是「關心」她是否有戒口，怪責她不肯戒口（只差未怪責她不知自愛而矣！），但從來未有人會明白長期戒口的痛苦，但這位同學不單明白她的感受，更在實際行動上去關心她的需要，希望調劑一下她要戒口的日子，讓她在戒口之餘，有更多的選擇。據說當婆婆收到那包巧克力時，情緒激動並且眼泛淚光呢！結果，婆婆自發地為自己訂立一個戒口的計劃並切實執行──房間內再無「違禁品」，原本可以每天吃三顆的巧克力，在兩星期內也只是吃了五顆。最後在兩周的時間內，她的糖尿指數便穩定地停留在低水平。

以上個案，雖然說是「婆婆自發地為自己訂立一個戒口的計劃並且切實執行」，但實際上，婆婆

的一言一行、行動、反應等，一切盡在預先計劃當中。因為同學能從婆婆的角度去理解問題，自然便能估量婆婆會採取的行動及可能產生的反應，在洞悉先機的情況下，自然能引導婆婆在考慮自己的問題及思索可行的方案時，朝向同學預先「策劃」的方向發展。於是，在婆婆以為是她自行決定並切實執行自己的計劃時，她已經步進了同學為她預備的「陷阱」了。

　　所以，要成功協助服務對象解決問題，我們就要先從他們的角度去理解問題，包括他們是否有問題、他們的問題是甚麼等。寫到這裏，又讓我想起一位學生的故事。以前有一位學生，直認向來是一個很「火爆」的人，容易與人衝突。但在我督導她的日子裏，她表示實在無法與我吵起來。以前每當她提出某事的五大錯處時，其他人總會馬上積極地指出她的看法如何地偏面、不成熟等等，於是難免會引起爭拗以致衝突。但我不單不會「糾正」她的「錯誤」，甚至多提該事的五個錯處，以示她的看法很對；但每當她回家細心思量我曾說過的話時，就會發覺原來她的想法是錯的！但因為我根本沒有否定她的看法，即使她決心想「鬥嘴」也缺乏對象。反而能令她可以在安全及無須自衛的情況下認

真地檢視自己的想法。這個例子說明，要人明白自己的不是，不一定要指出他/她的不是。而在考慮解決方案時，亦需要考慮服務對象本身的情況、能力、動機，而不是單憑我們自己的經驗或想法。此外，需切記我們並非一個推銷員，所以，並非要向服務對象硬銷我們的想法，而是要協助他們將心目中理想的方案實行出來。

當然，有時候我們會很着緊服務對象會因為不適當的選擇而受到傷害。問題是：在不情願的情況下，他們亦缺乏動機去認真執行你建議的方案，最終同樣會招致失敗，同時亦會賠上了艱苦建立得來的關係；倒不如盡量利用我們學到的技巧和知識，協助服務對象排除障礙，嘗試實踐他/她心目中理想的做法，至少，當他/她跌倒時會有你在旁，讓他/她早日康復。

或者用另一個比喻讓你更易掌握。我知道你很喜歡跳舞，試想想：假如有一天你遇上一個舞技比你高得多的舞伴，在整個過程中，這位舞伴只是不斷批評你這裏跳得不夠水平，那裏跳得不夠美妙，「好意」地要求你只要跟着他的「指示」去跳就可以了，但因為你實在跟不上，以致在整個過程中，

你只是不斷追着對方的舞步,而你們的「鞋面」和「鞋底」亦不斷地上演「耳鬢廝磨」的場面。對方因為感到你是「朽木不可雕」而擺出一副沮喪的嘴臉,你的感受會如何呢?很沒趣?覺得自己一點不中用?還是你寧願選一個能因應你的情況而調校舞步的人,讓大家的腳趾都能倖免於難,令你不用擔心會出洋相之餘,同時亦能讓你感到「共舞」的樂趣呢?

所以,假如我們想要得到工作成果,就要學習跟服務對象共舞,令大家都能享受當中的過程。

切記:要先讓對方快樂,你才會找到你的快樂!

祝你盡快找到你工作上的滿足感!

Miss Woo

第 *12* 封信
與民請命

社工不會扮演一個為民請命的角色。不會代表群眾去進行爭取行動，社工只會與民請命，只會是群眾的同行者；在爭取過程中與他們一起並肩作戰，為公義而請命。

甘炳光
sspkk@cityu.edu.hk

第12封信
與民請命

浩之：

　　首先多謝你在社區工作的課堂中提出不少問題，令到大家在課堂中更加互動，有更多教與學的分享。見到你在課堂後還熱切地逗留在課室內與我進一步討論有關從事社區工作的社工角色問題，令我感到欣慰，希望你的主動及求知精神令你在住後的兩年社工學習中有更多反思及有更大的得着。

　　你在課堂中曾提出，學習了社區工作的理論及概念後，擴闊了你對社會工作的認識，令你明白社會工作者需要有宏觀的角度；除了關注個人問題外，也要留意社會制度、社會政策、社區及社會環境如何影響及製造個人及家庭問題。社會工作者也要多關心弱勢社群在不公平及不合理的制度和社會政策下如何被剝削、壓迫及排斥。

　　你開始明白社會工作者的角色除了協助個人、家庭及小組解決問題及加強社會功能外，也要包括幫助解決社區問題、進行倡議工作、影響政府施政、組織群眾去改變不公平的社會政策，為邊緣社群爭取公義。社會工作者不會只採用個案輔導及小組介入的方法，也要運用宏觀的社區工作方法發動群眾組織集會、帶領他們進行集體行動，包括遊行、請願等。

第12封信　與民請命——甘炳光

雖然你十分認同社會工作需要包含社區工作的方法，但由此亦令你產生一個疑問，就是運用社區工作手法或從事社區發展服務的社工究竟與一個從政的議員（包括區議員及立法會議員）有何分別？因為你看見議員不時在社區內發動居民關注社區問題及社會事務，較熱心的議員也常會為市民「出頭」，批評不合理的政策，為居民爭取權益，也有不少議員及政黨常常帶領弱勢社群遊行及請願。

你在課堂提出的問題很有意思：社工是否要像議員一樣扮演一個「為民請命」的角色？

浩之，首先我想你明白，相對其他的工作方法，雖然社區工作的方法是較「政治性」的，涉及影響社會的資源及權力分配，改變政府的施政及政策的推行，也會採用較激進的社會行動手法，協助被壓迫的社群爭取權益。但是，社區工作並不只是做議員較常做的「政治性」工作或以上所提的爭取行動，而是還會推行其他的社區性計劃及服務，例如推行鄰舍計劃，促進社區睦鄰關係，組織社區照顧計劃，發動地區居民關顧弱勢或需要照顧的社群，建立社區支援網絡，成立居民互助小組，推廣社區教育，促進不同社群的接觸及共融，鼓勵居民參與社區事務，改善區內環境，發展一個和諧及關

懷性的社區。所以，你需要明白，社工所運用的社區工作方法或推展的社區發展服務，應該包含多方面的工作，並不是如一般人錯誤理解為只做一些爭取行動及政策倡議的工作。

當然，爭取公義，改善不公平的政策，以及發動居民合力維護權益的行動是社工不應該忽視的工作。但是，社工所做的與從政的議員所做的有很大的分別。

當議員進行以上的行動時，大都站在最前線，扮演着帶領群眾的角色或是群眾的領導者。議員會成為群眾的代言人，代表他們提出訴求，並運用自己在議會的地位、身份及權力與有關當局周旋。正如你所說，議員會樂於擔任一個「為民請命」的角色。

但在同一個爭取行動或事件上，社工的做法或所扮演的角色則截然不同。社工通常不會站在最前線，反而會在受壓迫者或群眾的背後協助及鼓勵他們站出來，由他們代表自己，表達不滿及提出自己的訴求。

社工不是群眾的領袖，也不是他們的代言人或代表。社工深信只有群眾自己才最清楚自己的問題

及訴求，而群眾應該有權利及有能力為自己爭取權益。社工只是從旁協助他們團結及組織起來，選出自己的代表，有組織地推行集體爭取行動。

在行動中，議員會動員群眾參與，但群眾的參與多只局限為議員的追隨者（followers）或支持者（supporters）。行動的目標、策略、計劃或分工都很少由群眾一起參與決定，大部份會是由議員、政黨或議員辦事處的工作人員全權負責。

社工與議員不同之處，就是我們確信群眾參與的重要。在每一項策劃工作上，我們會盡量與群眾一起決定，讓他們多承擔組織工作的責任。與議員或政客不同，社工深信弱勢社群或低下層市民有不少或未有發掘出來的強項（strengths）。我們的工作是要讓他們將強項發揮出來。多年的社區工作及組織社區行動的經驗告訴我，在分析事件及政治形勢、設計行動策略及方法，例如口號、街頭劇、談判技巧等等，群眾的能力及潛能較之社工會更勝一籌，他們才是專家（clients are experts）。

因此，我們與議員最不相同的地方，是社工不會扮演一個「為民請命」的角色。我們不會代表他們或為他們進行爭取行動（not work for）。社工只會

是群眾的同行者（ally）；在爭取過程中與他們一起（work with）並肩作戰，為公義而請命。

所謂同行者，是以平等及夥伴的關係與群眾一起經歷整個組織過程；一起出謀獻策，一起策劃行動，一起商議解決困難。大家不分你我，社工會放下專家的角色，相反會鼓勵無權無勢的被壓迫者或低下層的弱勢社群成為專家，一起彙集群眾的集體智慧，彼此分工合作，共同承擔。

當年我從事社區工作時感受最深及最感喜樂的，並不是在行動後得到成功的結果，而是在過程中能夠與群眾一起共甘苦、同感受的難忘經驗。我相信不少從事社區工作的社工都與我有相同的感受，最難忘與群眾經歷無數次的會議，會議後一起去吃夜宵；大家搜索思量有效的策略動員群眾參與，一起做家訪；在行動前夕大家都不願離開中心或組織會址，通宵達旦準備、綵排，合力製作行動物資；每次有街坊為大家送來一碗熱湯或甜湯，令人感動之餘，更幫助大家抖擻精神，為疲倦的身軀加添不少動力。這些同行的經驗是每一位曾參與組織工作的群眾及社工十分珍惜及難以忘懷的。

浩之，假若我還在前線工作，一群與我一起合力爭取權益的街坊想送上一支繡上「為民請命」的

感謝旗給我或我的機構，我會肯定告訴他們我不會接受這面錦旗。但若他們堅持要送上，我會提議他們更改那四個大字。你猜一猜我會建議改用哪四個字呢？

我會建議使用「與民請命」會更適當。你明白我的意思嗎？

「為民請命」太過強調社工的主導、領導及權威角色，也缺少了帶出市民參與的訊息。而「與民請命」卻不同，能夠清晰地反映出社工的精神及信念。一來可以表達出社工與服務對象建立夥伴關係（partnership, work with, ally）的重要，二來指引社工要盡量減低專業權威的角色，三來更提醒社工要堅守推動服務對象積極參與的信念。在「請命」的事上，要持守「由下而上」的民主參與，讓服務對象積極投入組織行動，明白自己有權及有信心站起來，為自己及社會爭取應有的權益。

另外，浩之，「與民請命」這信念更讓你進一步認識社工的角色及社區工作的目標。在與民請命的前提下，社工只是一個組織者，與群眾一起發動、串連及組織居民的參與。不少有參與經驗的街坊及弱勢社群都會明白，社工只是一個「火車頭」；在行動開始時推動整架行動列車的運行，串

連及增加車卡的數目,但若只有火車頭,而沒有車卡的連繫及配合(沒有居民的參與),火車是發揮不了功能的。

若社工多扮演「與民請命」的角色,便會多着重市民的參與過程。

與議員不同,社區工作的目標不是只為市民改善社區環境,改變社會政策和爭取合理權益。這些都是社工想達到的「事工目標」,但是我們更希望達到社工所強調的「過程目標」。

所謂過程目標,是社工會在參與過程中,令參與者有意識地加強自信心、提升自我形象、學習組織技巧、加強領導才能及促進個人的成長。若我們多強調這些過程目標,弱勢社群及低下層的群眾就會有更大的充權(empowerment)。日後,當你認識更多的社區工作概念,你會更明白社工的充權作用。

談到「與民請命」所產生的充權效果,在此與你分享一個近期難忘的實踐經驗。上半年,我督導了兩位修讀兼讀課程的社工同學在天水圍社區進行實習工作。他們的工作是組織該區的長者關注社區設施及服務不足的問題。一直以來,政府部門、傳

播媒介及市民大眾都只關心天水圍這個新市鎮社區所出現的家庭暴力、失業、單親家庭及新來港家庭的問題，但忽視了區內長者得不到適當的服務及設施等社區隔離問題。兩位同學發動了長者，與他們一起進行社區調查，了解長者對醫療、交通、長者中心、銀行等服務及設施不足的意見，他們更與熱心的長者前往探訪在調查中積極表達意見的長者，鼓勵他們成立關注小組。很高興有廿多位長者參與成為關注小組的核心成員。兩位同學與他們開了無數次會議，與他們一起在六個屋邨進行了四大長者需要選舉，並舉辦了「天水圍北四大長者需要選舉記者發佈會暨關注長者社區隔離研討會」，接受電台訪問及約見政府官員等行動。

　　整件事件對兩位社工同學的衝擊很大，也為他們帶來不少個人反思。兩位同學雖然有多年的長者服務經驗，但過往他們運用的工作手法多由他們計劃所有行動，指派長者要負責的工作，多扮演領導長者參與的角色。但今次的經驗截然不同，很多行動都要與長者一起計劃及一起決定，不少的主力工作都由長者自己負責，包括家訪、做發佈會主持、講者、接待、街頭劇、接受記者訪問、主持向政府官員申訴的會議等等。

這次組織行動經驗除了讓兩位同學學習如何「與民請命」及如何扮演一個「組織者」的角色外，更令他們在與長者同行的經歷中改變了對長者的負面看法。他們進一步認識及確信長者的能力及強項。他們愈來愈明白及深信長者不是弱者，長者們才是專家。除了達到請命的目標外，兩位同學感到最開心的是在整個過程中減低長者的無助感，幫助長者加強自信心，提升自我形象及自我能力感。其中一位同學與我分享：「這次經驗令我很感動，在過往的工作經驗中，我從未有過像今次這樣的感動，亦從未看見長者有這麼大的轉變及這麼多的成長。」與其中一位同學共事多年的一位長者義工也訴說：「今次的經驗令我很開心、很興奮。相比之下，過往的工作多是跟隨工作員的指示，但今次的感覺很不同，我覺得與社工的距離拉近了很多，大家很親切、很熟絡；我覺得很被尊重，因為事無大小，我都有份及有權參與作出決定，令我較以前更落力、更有信心及更有動力參與；各位長者都變得更齊心、更團結，各展所長，發揮長者的影響力。」

浩之，希望你已留意到，社工與議員有另外一個不同之處，是社工十分重視這些過程目標，而議

員及政客在爭取行動當中多不會兼顧這些過程目標的實踐。

社區工作雖然強調宏觀分析,但與其他社會工作方法一樣,同樣重視人的轉變與成長。在實踐社區工作方法中,堅守「與民請命」的角色才能更符合社會工作的真義。

浩之,有關社區工作的本質,與議員工作的分別及社工如何扮演「與民請命」的角色的討論,你若有興趣再深入了解,可參看我提議的幾篇參考文獻。希望以上的分享,能夠解答你在課堂提出的疑問。

更期望你由這一刻開始將社工的角色由「為民請命」改變為「與民請命」,並與我攜手一起去將這信息廣傳開去!

祝你往後的學習生活日益豐盛!

甘sir

第13封信
「公義」與「兩斗米」

在我們大聲疾呼社會缺乏公義之時，請先撫心自問，自己是否行在義的道路上；是否在不經意的情況下，成了「不義」的幫兇！

胡黛莉
scwtl@cityu.edu.hk

第 13 封信
「公義」與「兩斗米」

天富：

　　你問我社會是否有公義存在，我認為社會公義並不存在於社會，而是存在於每一個人的心裏——只要每個人都願意多行一點「義」，社會就自然會多一點「公義」；否則人人都等待社會先有公義，然後才肯多行一點義，社會公義自然無法彰顯。

　　不要忘記：社會本來就是由人組成，眾人的事，自然需要眾人來共同完成；所以，只要眾人皆義，自然能成就出「社會公義」。否則，挪亞就無需要大費周章去建造方舟，所多瑪城也不致於毀於天火之下！可見，即使偉大如上帝也不能讓一個社會自然出現公義，義與不義在於眾多的個人而形成。

　　我知道你是虔誠的基督徒，但請不要誤會我意圖褻瀆你所相信的上帝，我向來都是百分百尊重你們所敬仰的神，我只是想表明：即使全能的上帝，尚且不能「賜下」社會公義，而收起「不義」；而只能以大水、天火來讓人類消失才能使「不義」毀滅。何況我們作為一個渺小的人類，又怎可能叫社會自動「公義」起來呢？所以，那些整天喊叫「社會的錯」的人，實在應該要還社會一個公道！

所謂「義」，根據孟子的說法，就是「是非之心」，所以，根據孟子的看法，要行義，就是要具有明辨是非的質素；我認為要社會有公義存在，除了要分是非，莫使黑白混淆之外，更要每個人先願意並切實要求自己要走在義的道路上，並以公平、公正的態度去看待、處理身邊的人和事！

怎樣行義，我認為最低的要求是要拒絕鼓勵或助長「不義」的存在、滋長。但，怎樣才算是鼓勵「不義」的存在或滋長呢？讓我們先看看以下幾個案例：

每當你安排某項工作給其中一位下屬時，他總會「不厭其煩」地在你耳邊「振振有詞」地訴說這項工作如何如何地不適合由他來擔任。逐漸，你為免麻煩，即使你知道沒有同事會喜歡做該項工作，仍會刻意將那項工作安排給一位比較「溫順」（即是只會安然接受）的同事。

一位使用飯堂服務的老人家對所提供的飯餸總是諸多意見，而那些意見明顯只反映他的個人口味，其他服務使用者卻很滿意現時的服務，包括菜單的編排及烹調的水平，但因為他「絮絮不休」地對你「疲勞轟炸」，同時你又擔心他會投訴，於

是，以後無論在編訂菜單，或者是在餸菜的烹調方面，你都會格外「關注」他的需要，以免他又來向你「反映意見」。

一位服務使用者向你投訴一位同事的工作態度，但因為你不知道怎樣處理，於是「簡化工序」，打算以後都安排其他同事去提供服務就算了！

如果你贊同以上任何一種做法的話，抱歉地，我相信你已經成為「不義」的幫兇了！

或者你會覺得以上做法，又怎可算是幫兇呢，只是「多一事，不如少一事」而已！假如你有這樣的想法，請先易地而處，假如是你因比較「溫順」而經常都要接收一些「厭惡性」的工作；假如你比較「不計較」，而要以別人的口味為你的口味；假如因為不會投訴而要接受一個「惡名昭彰」的工作員為你提供服務，你會有甚麼感受？假如你對此仍甘之如飴的話，我只能認為你人格實在太光輝偉大，恐怕聖人都會自愧不如！

但以我「狹隘」的胸襟來看，在第一個例子，明顯地你正在欺壓不會拒絕的同事，固然是不義。

你可能覺得只要服務不受影響就可以了，但長遠而言，這些受欺壓的同事，要不意興闌珊，「搵工跳槽」，要不就實行向「好榜樣」學習，也來一套「不厭其煩」地「振振有詞」的策略，到那個時候，全民皆「廢」，那些工作，你又安排誰來做呢？而且，當情況發展到這個地步時，恐怕我們都不能說服務不受影響了罷？

在第二個例子，我們看似是「尊重」服務對象的需要，但事實上，我們正在犧牲其他服務使用者的利益，來避免自己可能惹上的麻煩。而長遠而言，除非恰巧大家口味並無衝突，或者是其他服務使用者別無選擇，只能默默接受，否則，服務使用者可能因而流失，你亦要開始為開拓「市場」而傷透腦筋了！

在第三個例子當中，假如服務使用者的投訴合理，我們以上述方法去處理的結果，要不就是讓這位被投訴的同事去服務其他不懂或不敢投訴的服務使用者，否則就是讓其他同事分擔了更多的工作。但假如服務使用者的投訴並不合理，我們的「有求必應」可能會令對方感到多了一個可以用以「威脅」其他同事的工具──假如你不能讓我滿意的

話，我就向你的主管投訴你！終有一天，吃虧的是你自己。

由此可見，無論為別人（包括服務對象）還是為自己，我們都有必要避免成為「幫兇」，讓社會公義仍可以有呼吸的空間。

很多人都感到理論很簡單，但要實行起來卻很困難。當然我並不認為這是一件容易的事，尤其是當考慮到「義」的工價就是「飯碗」時，自然會令很多人卻步。

當然，工作很重要，飯碗亦不可缺少，但問題是：我們是否必須要吃「這一碗飯」，或者一定要「這麼大碗飯」？

曾經有一位社工學生對我說，他認為他跟我都是敢言的人，只要認為對的事，都會勇往直前，不會「為五斗米而折腰」。不過，他認為他自己可能會為八斗或十斗米而折腰，而我可能需要更高的「價碼」才會折腰。當時，我只是一笑而沒有回應，因為我擔心他會發現我實在沒有那麼「清高」。

假設人的基本需要是兩斗米的話，兩斗米就足

以令我折腰,否則我就活不下去了,更遑論甚麼其他需要!少於兩斗米的話,固然不足以令我折腰,因為反正也活不成,而且,沒有吃飽,那來氣力做那麼多多餘的動作?!但兩斗以上的米也不能讓我折腰,雖然已經吃飽了,但因為吃了太多的關係,變成了「大肚腩」,想折也折不來(要做sit-up來減腰圍也不容易)!既然如此,何必要自尋煩惱,去掙超越所需的米糧,然後又要花錢找纖體公司呢!當然,如果無須如此「艱辛」就能掙到更多的米糧的話,我可是絕對不會拒絕的!

甚麼是「基本需要」,對每個人當然都不一樣,有些人的基本需要是住屋的平均面積要有1,000平方呎,有些人的基本需要是要讓家人享有富裕的生活,有些人的基本需要是要每天得到靈性的滋養,而對我而言,基本需要就只是吃得飽、穿得暖、不用露宿街頭,以及感到自己仍然活得有尊嚴!

我從來不會瞧不起那些因為飯碗而放棄行義的人,因為正如我所說,每個人的需要不一樣,總不能叫你餓死自己或家人來講仁義;但我總禁不住鄙視一些緊抱飯碗而大行不義之餘,卻還要指責別人

如何如何不義（小如指責同事在工作時間吃自己購買回來的早餐，自己卻在辦公時間以機構的資源來大吃大喝；大如指責別人如何如何不顧服務使用者的利益，自己卻因為擔心服務數字下降而「鼓勵」服務對象不要進安老院，或者教領取綜緩人士如何濫用課餘托管服務）！

假如你認為飯碗比一切都來得重要時，坦白說，我無話可說；但假如你覺得社會公義仍然對你佔有重要地位的話，不妨嘗試學習怎樣向不義說「不」！我並非教你去發動鬥爭，整天跟人吵吵鬧鬧過日子，只是起碼要先培養這個警覺，然後培養這股勇氣，最後才是要學習有關的技巧。

說了這麼一大堆，其實最重要還是指出，社會是否有公義存在，實在視乎社會中的每一個成員的努力。

作為社工，在我們大聲疾呼社會缺乏公義之時，請先撫心自問，自己是否行在義的道路上；亦要注意我們是否在不經意的情況下，成了「不義」的幫兇！或者，是因為我們對一些「身外物」過於執着而令自己迷失了方向！

正如你的主耶穌對你們的訓誨：不要着眼於積聚財富在地上，而是要積聚財富在天上！

希望你能成為促進社會公義的一份子！

祝你

　　工作愉快！

Miss Woo

第14封信
社工的社會責任

知識是力量,在面對社會的轉變,年青的社工需要以認真的態度認識社會、掌握現在、部署未來。參與社會、推動改變,是我們的社會責任。

蔡黎仲賢
ssphoebe@cityu.edu.hk

第 *14* 封信
社工的社會責任

Cornify and Kelvin：

自從上次聚會談及社工的社會責任，關於「責任」我最近又有多一些體會，也多想了一些，希望在此與你們分享。

我家窗台上的魚缸現在住了三尾四吋多長的黃金斑馬。也忘記了牠們「入門」的日子，只隱約記得當時只有四厘米的小身軀在不知不覺間已長大了。牠們的晚餐是我的責任，但我不是一個有規律的人，因此每晚必被問：「餵咗魚未？」假如答案是「未」，家人必搖頭輕嘆：「身為你的魚是何等命苦，總是食無定時！」若我要求他們代勞，我所得到的標準答案是：「晚餐是你的責任！」我想：「何謂責任？是由誰來決定的？為甚麼魚兒要食有定時？」我需要找些有關飼養黃金斑馬的資料，讓我可以理直氣壯地繼續奉行我的彈性餵魚時間，做個負責任的養魚人。此事使我想到，要有知識的支持，才能做個真正負責任的人。

我們的一生，「責任」真像個無處不在的精靈。記憶中身為長女的我，高小時代已負起預備全家的晚餐、以及為年幼弟妹提供康體活動的責任。負責任的意義便在於做好自己份內的事。因此，

第14封信 社工的社會責任——蔡黎仲賢

做一桌十人的飯菜對我來說並不困難,因為我已經累積了不少經驗。從事社工行業之後,對責任又更多了一些體會。面對社會時事,多了一份作為社工的社會責任感,親人和朋友對我對時事的看法也多了一些期望。在社工朋友之中更感到大家對社會事務應有一份責任感。自從你們畢業後,多次聚會中我們都曾談及一些社會時事,對一些不公義的事情會分享大家的看法,亦曾在一些社會事務上互相砥礪,參與其中。社工的社會責任,我們都認為是理所當然的!但要負起這責任,知識當然不可缺少。

我們怎樣界定社工的社會責任?維護人權、提高社群的福祉、推動社會進步、促進社會公義等等社工的基本價值觀及信念,既是註冊社工工作守則,更是社工不能卸下的社會責任。

我相信不論社工、專業團體、僱主還是香港社會都可能對社工的社會責任有不同的看法和期望。有些相同,有些可能有很大的差異。曾經有一個同學於畢業時告訴我,他決定不在香港當社工,因為他認為香港社會似乎不大需要社工,他立志去非洲最貧窮的地方服務,增強自己的專業能力,最終目標是服務內地最弱勢的貧農。對他而言,他的社

會責任是幫助內地最貧窮地區的弱勢社群。現在他已往海外進修，裝備自己和尋找進軍非洲大陸的門路。我想，社工的社會責任最終是否都應該是每個人自己的決定？我相信我們的僱主會為我們界定我們的專業責任，我們的社會可以對社工的專業責任有特定的期望和要求。但實際負起責任的是我們每一個人。

我們怎樣面對我們的社會責任？政策改變，社會變遷，都是我們的挑戰。我們要審時度勢，尋求新的知識，增強自己的力量，幫助我們面對新的要求和期望。而處身這不斷的變遷之中，只有知識是不變的。

Francis Bacon 說：「知識就是力量。」要負起社工的社會責任，我相信我們需要有足夠的知識。我們需要甚麼知識？仍在專業訓練階段的同學們所需要的，當然是基本專業知識。而專業知識的範圍當然包括對社會的認識，對民生狀況和社會政策的掌握，不單是認識香港的社會事務，亦要認識世界及國家的現況、發展前景、困難及機會。只有跳出我們生活慣了的這口井，我們才能看到周圍的環境。見識天下之「大」才知道自己的「小」。有知識，

才有視野。透過比較，能分辨事物的相對價值和意義，更能認清現象的多面性，強化分析能力，從而更加擴闊我們的視野。明白自己的處境，才能為未來作出更好的部署和準備。這不單是指個人專業發展的前景和期望，更關係到我們在社工崗位的服務對象的福祉。我們是否有足夠的專業知識和視野去履行助人自助的責任？知識就是力量，知識的力量就是我們的優勢！

近日有報道指今年九月入讀幼兒班的人數只佔入讀小學一年級人數的一半，可以預計正在面對縮班威脅的小學在三年後將要面對怎樣的處境。二零零三年香港的出生率不是已給了預警嗎？這不是三年前的新聞嗎？我們對社會現況和發展趨勢的掌握，不單有助我們分析社會服務的需求及政策方向、社會資源的分配和運用、釐訂我們的專業角色和責任、計劃和進行介入，更有助我們作出相應的個人專業發展取向和計劃。對在耆年服務和復康服務的你們而言，十年之後香港社會經濟將會是怎樣的狀況？與內地的政經發展走向將會是怎樣的關係？現在每天乘直通車往廣州上班的人群是何等躋踴？香港在泛珠三角經濟發展的大趨勢中能否佔據或站穩一席位？在中國的經濟發展的大潮流中香港

的優勢是甚麼？這些優勢能否維持？能否提升？香港會否被邊沿化？這些都好像對從事前線社會服務的社工沒有太大的切身關係。但是，社會福利服務的發展、社會資源、與社會經濟狀況、社會發展，都是息息相關的。

個人既是社會的一份子，社會實況和發展對個人的影響更是無可避免，不能忽視。如果我們選擇在香港發展，作為服務香港人的社工，當然需要認識社會經濟實況和發展對個人的影響。因此我認為，從宏觀角度分析香港的社會經濟狀況，發展方向，社會資源和分配，都是我們作為社工的一份子所必須留意、面對及了解的，並要將這些知識應用在我們的工作中。

我相信我們需要增強對社會經濟事務的認識，認真求知，才能清楚分析和了解服務使用者的處境及社會的實況，才能高瞻遠矚，設定目標和釐訂計劃，真正負起社工的專業責任，真正發展助人自助的功能。

香港的出生率偏低及人口老化的情況對社會服務的需求有何影響？在人力資源而言又有何隱憂？

香港的社會服務在綜合服務的趨勢下，對社工專業知識的要求有何改變？香港經濟發展的前景對社會服務發展及資源的供求有何影響？我們在上次聚會都曾經談及。香港用於社會福利服務的資源將會增加或是減少？為甚麼會增加又為甚麼會減少？香港社會對社會服務的發展和社會的需要有甚麼看法？作為社工，我們將會扮演怎樣的角色？我們希望自己扮演甚麼角色？我們需要甚麼知識來增強我們的力量，好讓我們負起社工現在和未來的社會責任？我相信我們需要尋找自己的答案。在下次聚會我們可以再暢所欲言。但我想特別提出一點供大家一起思考，就是我們尋求知識的態度，以及如何負起我們的社會責任。

最近看了薛尼盧密（Sidney Lumet）的電影《十二怒漢》（12 Angry Men），讓我對追求知識的態度有了更深的感受。對於我們作為一個負責任的社工所需要的獨立思考，自我批判和反思，又有了多一些體會。這電影給我的啟發可總結為下列六點：

- 在不清楚事實真相，有疑問時，要有勇氣說不知道。
- 要小心自己的偏見。

- 要有獨立思考的勇氣。
- 不要人云亦云,盲目跟從眾人的觀點和意見。
- 亦不要輕信權威,因為權威也可能有偏見和盲點。
- 要以科學和求真的態度,尋求事實的真相。

知識就是力量,在不同時空、不同崗位,社工所需要的知識自然要因應時代的轉變而擴闊和提升。在獨立思考,自我批判和反思的同時,我認為年青的你們更需要擴闊自己的視野,立足於社工崗位,認清香港當前的狀況和將來的社會發展路向,提升自己的能力,為自身和社會的將來,定立目標,作好準備。

從微觀角度,作好準備可以從我們的日常生活做起。每天從不同傳媒、刊物、雜誌我們會得悉不少社會事務,經濟現況,時事分析等資訊。政府在推銷新政策時都會進行諮詢,提供背景資料。我們每天在忙碌超時工作的同時,如何去處理這些資訊?這些資訊可會是我們追求知識、尋求事實的真

相所必需的基礎?追求知識、尋求事實的真相便是我們提升力量的必要準備。

作為社工,這是我們負起專業責任所必需的基本功。而對時事、社會事務和政策有足夠的資料和認識以至明確的理解,再從不斷的反思和探索,建立清晰的看法以至明確的立場。作為社工,我們是否責無旁貸?

但是,單有知識、看法、以至立場並未足夠。我們不應只把知識、看法和立場儲存在我們的腦袋中。我們的社會責任在於探究和參與。我們要在茶餘飯後與家人朋友同事暢談和討論,與更多人分享和探討,互相刺激反思,好讓更多人能對那事件加深認識,參與討論。作為社工,我們豈能對社會的不合理和不公義視而不見?當我們對社會事務有意見,又怎能袖手旁觀?

我深信要以謙虛認真的態度去尋求知識,才能真正增加力量。這是知識份子的責任,更是社工最基本的責任。對社會事務和發展,社會的不合理不公義事情,我們要增加認識,分享意見,參與討

論，表明看法和立場，提出意見和建議，參與社會事務，推動改變，都是我們作為社工義不容辭的社會責任。

願與你們共勉！

祝

如常健康愉快地忙碌！

蔡黎仲賢

P.S. 在徵詢養魚專家及參考書所得 [阿部正之、森文俊著，史勝武（編譯）（民國84年）《熱帶魚的鑑賞與飼養》。台北：台北益群書店，124頁]，餵食熱帶魚要每天至少一次，通常是早晨、黃昏各一次。因此，作為負責任的養魚人，我應要學習建立定時餵食習慣！

第15封信
社工註冊能否保障服務質素？

社工註冊局的職責是代表社會（尤其是服務使用者）監察社工的服務質素，以維護受助者的權利。

麥海華
ssmakhw@cityu.edu.hk

第 15 封信
社工註冊能否保障服務質素？

Patrick：

經過三年充實的學習，你即將畢業及投身社工專業了。在此祝你學有所成，日後能在社工的崗位上發揮所長，為服務使用者充權、解困和謀取幸福！

在我們的實習督導中，你曾提出對社會政策的很多不滿。例如目前貧富差距日趨嚴重，在職低收入人士家境困苦，殘疾人士遭受歧視、排斥，難以融入社會。另一方面，資本家壟斷嚴重，地產商謀取暴利，官商勾結，政府賤賣資產（如領匯事件），公共事業年年賺大錢仍不斷加價，這些都打擊小市民以至中產階級的利益。

本港經濟表面繁榮，股市樓市暢旺，但基層市民生活仍然相當困苦，反映貧富差距的堅尼系數亦達 0.52 的高水平。而傳播媒介又受政府及商家操控，他們為製造昇平景象而對弱勢社群的抗議聲音加以醜化、邊緣化甚至不予報道。這一切在你眼中都視為社會上不公義的事例。

你質疑在目前政府削減福利開支及推行一筆過撥款的資助模式下，組織和動員服務使用者爭取權益和挑戰政府的政策，會否受到更大的機構壓力和

社會輿論的批評，而且你更擔心社工註冊後會否更受到專業操守的束縛，限制了社工捍衛人權及維護基層市民權益的社會行動。

你亦曾指出同學對社會工作者註冊局收取700元註冊費及每年400元續期費用太高，而且制定的專業守則，旨在約束社工的行為，並未能幫助社工人員在專業發展及服務水準上有所提高。你認為，對新畢業的同學而言，未開始正式工作已要申請註冊，好像得不到甚麼保障便要付款；但如你將它視為加入社工專業的入場費，正如你買票進場看戲或到海洋公園遊玩一樣，這是區別成員的簡易方法。當然，這並不等於任何人肯繳交700元便可當社工，他/她必須接受過獲認可的社工訓練才能申請註冊呢。

你可能會問：社工註冊是否好像搞專業俱樂部一樣，只讓一小部份人有權做社工。由於供應有限制，所以可以自高身價，最終做成與基層服務使用者的隔膜，不利同理心的建立。其實，當你看到一些職業如醫生、律師、工程師，甚至是電器工人、物業代理、保險從業員、教師、護士和中醫師等均須註冊及接受法定組織或專業團體的守則所規範，你是否仍認為助人解困的社會工作者不應該註冊及接受專業守則的監管呢？

你可能問：註冊社工每年繳交註冊費，並且每三年選舉社工代表，組成社會工作者註冊局。為何那些選出來的代表不為社工爭取權益，改善他們待遇？為何不反對社署削減福利開支和批評機構減薪裁員的行動，令社會服務質素下降及服務使用者利益受損？其實社工註冊局只管理社工的註冊和紀律，並不負責培訓社工、提供及協調服務、推動專業發展以至維護員工權益的事務。這些工作目前已有其他組織如社署及非政府機構提供各項社會服務，社聯扮演服務協調和政策倡導角色，各院校負責培訓社工，社會工作人員協會推動專業發展，以及社工總工會爭取會員權益等。社工註冊局的職責只是代表社會（尤其是服務使用者）監察社工的服務質素，以維護受助者的權利。

社工註冊條例的目標是對個別社工的資歷加以認可及進行註冊，並制定紀律守則及程序，以處理一些違反專業守則的社工。從現實出發，註冊局認可當前的社工訓練，是對各院校社工課程水平的肯定。近年來，副學士課程的湧現，產生了很多培訓社工的新課程。其對社工訓練所需的人手、師資、課程設計與推行、機構實習的督導安排，以至辦學理念及學生學習的質素保證等問題，均是社工註冊局需要面對的新挑戰。

第15封信 社工註冊能否保障服務質素？——麥海華

以往，社工註冊局依賴香港學術評審局對各院校所辦課程作評審，以維持其學術水平和質素。但近年，學術評審局着重促進院校發展相關課程，未必對其專業水平作出明確的要求和保証。因此社工註冊局有需要修訂課程認可及註冊的指引，明確制定社工課程應包括的內容、師資水平、師生比例，以及對所有被認可的課程進行定期檢討，以確保學生質素能配合社會發展的需要。

最近，有院校在開辦社工副學士課程時，大大超收學生人數，由於該學院對社工訓練人手、師資安排及辦學理念未有足夠的重視，以至註冊局對其繼續舉辦社工課程失去信心，並要求學院日後開辦之課程得重新申請。至於已收的學生，基於校方努力教學、爭取資源以及同學積極的學習態度，因此註冊局在學院承諾加強餘下課程的訓練後，繼續給予認可，使學生能繼續完成課程。

社工註冊局希望藉此舉提醒業界要重視社工的培訓質素，以確保社工的專業水平。其實，對院校的訓練課程進行嚴格的定期審核是其中一種資歷認可的方法，其他專業及海外社工註冊制度，亦有對課程畢業生進行專業考試，以評核個別社工或專業人士是否達到水平。這方法亦曾在註冊局內進行討

論，或許在日後會被接納為社工註冊的方式亦未可料。

話雖如此，社工註冊局近年亦積極對訓練計劃制定認可原則及指引，並進行課程質素的評核，以確保社會工作者的專業水平。註冊局亦已提出所有社工必須證明在三年內有不少於72小時的進修，才獲繼續註冊。要提高專業水平，註冊局亦有需要修訂其職權範圍的相關法例，以成立或委託有關學院或團體進行在職培訓工作，應付日後社會急劇轉變的需要。

在職進修是任何專業人士必須進行的，目的在吸取新知識，改進服務的質素。社工面對社會急劇轉變所帶來的衝擊和問題，如家庭暴力、賭博禍害、精神困擾、青少年暴力、失業及工作不穩定等都是社工需要面對的新挑戰。加強進修以作為繼續註冊認可的條件實有需要，而且在其他專業亦已實行多年。目前行內尚未達致共識，但仍希望社工自律自強，以維持服務質素。日後在進修機會增加、涵蓋範圍清晰以及各服務機構能為員工提供培訓等條件下，強制推行或有成功的機會。

對快將投入社工行列的你，或會擔心投入工

作後,面對服務對象的不同需要及期望,以至工作量的增加會感到疲於奔命,若能有資深的社工給予督導及提點,對克服工作上的困難會大有幫助。雖然,各機構均有經驗豐富的中層人員為前線員工提供督導及工作安排;但除了在工作事務的提點外,較少着重前綫社工的情緒輔導及專業技能的指導和培育。因此社工註冊局亦已就業界,尤其是前線同工所關心的專業督導進行研究,及出版報告和建議,希望加強機構對各級社工,尤其是前線社工的督導培訓,以提升專業知識和技能,有助處理複雜的個案,減少社工因工作壓力過大而造成負荷不了(burn out)的現象。

至於維持社工的服務質素方面,註冊局設有紀律程序,接受服務使用者或社會人士對社工的投訴,進行調查及處理,及作出有關裁決。註冊局自成立以來已正式接受了超過一百個投訴個案,並由業界以外人士及社工組成的紀律小組進行聆訊及處理。投訴範圍涉及疏忽照顧服務使用者、遺失大量個案記錄、違反保密原則、濫用權力以獲取利益、性騷擾、歧視、缺乏誠信及利用服務使用者資料以牟取個人利益等。對這些事件的重視,進行對有關投訴的取證、答辯以至審理,可維護服務使用者的

權益，保障社工專業的水平。

　　Patrick，以上簡介了多年來社工註冊局的工作，相信也能幫助你了解到作為一個專業人士的要求。我知道你投身社會工作的目標是希望改善服務對象在應付困境時的能力，並協助其自力更生，但同時亦要改變社會的政策和措施，減少對他們的壓迫。這一切均非一人之力所能成就的。有專業的組織和團體提供協助，共同關注服務質素，互相鞭策和支援，會讓各同工的自信增強，亦能贏取社會的尊重。希望在你踏入社工專業、委身服務社群的時候，上述的分享會有助你認定加入為註冊社工的必要和自豪感。

　　謹祝工作順利，更歡迎日後保持聯絡，分享你工作的成果和喜樂。

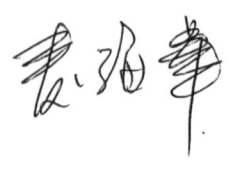

麥sir

第16封信
面對社工價值觀的兩難

社工的七大工作守則，是源自個案工作，在應用於兩難處境時，經常存在不少灰色地帶，反而社工的價值觀，才是引導我們作抉擇的重要依據。

馮偉華
scwwfung@cityu.edu.hk

第 16 封信
面對社工價值觀的兩難

嘉葦：

　　轉眼間你已完成實習，離校在即，並即將投身社區工作行列。從電郵中得悉你在實習工作中，曾面對一些有關案主自決（client self-determination）和公眾利益（public interest）衝突的疑難，我想跟你分享一個個案，也順道談談社工面對價值觀的兩難處境（ethical dilemma）時，可如何處理。

　　多年前，發生了一宗頗為轟動的社會行動，一批居民因反對政府清拆他們的天台屋，到中區的屋宇署總部「攔路瞓街」請願，並携帶煮食用具，包括石油氣罐，打算上演街頭劇，期間阻塞了交通，令中區的交通大亂，警方更因石油氣罐可能影響公眾安全，採取了即時的清場行動，並與示威者發生衝突，最後拘捕了22人，當中包括了多名協助居民的社工和前來聲援的人士。

　　是次事件在當時引起了公眾及社工界內激烈的爭辯，究竟居民行使請願示威權利，爭取自身應有的權益時，若涉及重大的公眾利益，社工應如何取捨？若案主堅持使用一些對抗性行動，甚至暴力行為，社工應介入勸阻？任由居民行動？還是協助到底呢？

當衝突事件發生初期，輿論雖然有點同情居民，但大多指責他們不應只顧自身問題而妄顧公眾利益及安全。協助的社工更被指煽動居民作出過激行動，破壞法紀，有違社工的專業操守，社工界內的一些團體及人士，也紛紛加入指責，令這批協助居民的同工承受着巨大的壓力。

不過，隨着事件引起廣泛注意，傳媒不斷的發掘及報道，才揭發天台屋雖然被屋宇署指為違法僭建，因此清拆後居民不獲安置，但田土廳卻一直容許其合法買賣，政府亦有向他們徵收差餉，居民亦因擁有物業而不能申請公屋，間接承認了天台屋的業權，這便突顯出政府部門間的不協調和行政失當，於是輿論開始理解天台屋問題的癥結所在，並轉向支持居民的爭取行動，最終影響了政府對事件的處理。由此可見，這行動對推動、解決天台屋問題起了關鍵作用。

事實上，早在發生衝突事件年半前，社工已開始介入協助居民，無奈經過多番申訴，奔走求助，事件仍無寸進，但清拆限期卻日漸逼近。在走頭無路的情況下，居民才選擇以對抗性行動來向當權者施以直接壓力，以及喚起公眾對事件的關注。

社工一方面要支持居民捍衛居所及爭取合理安置的訴求，另一方面要盡量減低對公眾秩序的衝擊，在兩難之間要小心地作出平衡。

　　當然，在策略上倘若可做到給當權者施以直接壓力，又不損公眾利益為最佳。假若現實環境未容許兼顧兩方面，則解決居民長久居所的需要，協助他們抗議不合理的政策，以維護公義，便應凌駕於交通阻塞或阻礙市民上班等這些短暫的公眾利益之上，否則，受到欺壓的弱勢群體的權益便難以獲得申張。當確信自己的抉擇正確後，社工便應全力以赴，同時有心理準備去承受隨之而來的公眾壓力。

　　不過話說回來，今次居民選擇攜帶石油氣罐請願，多少對自身及對方的安全構成威脅，即使是空罐，因為警方不知虛實，也會傾向以武力盡快清場，結果仍會對雙方構成危險。面對如此處境，社工一方面要尊重居民的自決，又要考慮涉事者的人身安全，應如何取捨呢？

　　原則上，假若確知居民帶同石油氣罐的目的，是用於自衛或對對方做成傷害，當然要盡力勸止，而不應單單考慮案主自決而任由居民危及自身或他人的安全。若未能勸止，則要進一步阻止，例如

向外透露或報警處理。不過據我所知，居民並非有此意圖，因此，就算社工未必同意這做法，在勸止無效下，也仍有責任在此關頭繼續協助他們，防止意外發生，而非捨棄他們，任由他們獨自去面對。假若發生突發事故，社工也可即時介入，以減低對案主及他人不必要的傷害，同時亦可協助為事件善後，例如為居民保釋及尋求援助。

雖然案主自決及保密（confidentiality）等乃社工重要工作守則，但這些畢竟只是工具性守則，是用以與案主建立互信的工作關係，以便有效地幫助解決案主所面對的問題。當面對人身安全的考慮時，這些守則自然也得讓路。

事實上，在尊重案主自決的同時，我們也須盡己所能，為居民分析行動的各項利弊及可能帶來的後果，以便居民能真正地自決選擇。不過，我們也得明白自己的限制，社工的分析很多時也未必盡皆正確，我們只能就我們所知，以居民的福祉為依歸，盡力作出最全面及客觀的分析，同時在過程中避免操控或擺佈居民。

繼上述事件之後，不久再有一處天台屋面臨清拆，當時有另一機構協助居民爭取。但在清拆期限

前不久，該機構突然向外界宣佈無法再協助居民，原因是與居民在意見及爭取路線上存在着重大分歧，兼且有社工以外的團體及人士積極介入事件，令機構無法有效地為居民服務。誠然，如果機構真的認為與居民的分歧太大，以致無法有效地協助居民，考慮退出也屬無可厚非，但在危急關頭棄居民而去，在道義上卻頗有商榷餘地。機構更進一步指稱有「幕後黑手」在煽動居民，令居民行動走向偏激，此舉令公眾對居民形成負面看法，對居民的爭取工作造成了極大的打擊，嚴重損害了案主的利益。

我們不禁會問，機構若認為居民正受到不良的影響，是否應堅持繼續從旁協助，以圖將居民所受到的負面影響盡量減低？在決定撤離時，是否適宜低調地向居民交代及作出忠告，以免危及居民繼後的行動和爭取呢？機構在事件上，有沒有違反與案主的契約及承諾呢？

無論如何，居民的福祉實應凌駕於機構形象及社工的個人考慮之上。

或許你會問，社工有一套「專業工作守則」（code of practice），究竟在面對如此的兩難處境時，這套守則又能否幫助我們做決定呢？

答案可能會令你失望。先說社工的七大工作守則，大多是工具性的守則，兼且是源自個案工作，因此對社區工作介入沒有多大的指導性。

至於「專業工作守則」，內容主要是原則性的指引，例如社工「有責任維護人權」及「促進社會之公義及福祉」，但往往缺乏具體的闡釋，因此對解決兩難處境實在沒多大幫助。

相對而言，社區工作的基本價值取向，似較能幫助我們面對上述的兩難處境，我們強調平等公義，維護弱勢社群應有的權益，同時更重視服務對象在過程中的參與及充權，讓他們的意識得以提升，團結一致，爭取合理的資源分配。只要你能時常恪守以案主福祉為依歸，緊記不要被機構、專業甚或個人的利益所蒙蔽，相信這些兩難處境也應該難不倒你。

祝

工作順利，天天成長！

WW馮

第 17 封信
情理法・法理情

社工並不是只談仁慈與關懷,適當時刻,運用權力,本無可厚非。然而,問題的關鍵是工作員必須持守信念,以專業態度先行判斷,繼而酌情行使權力,務求法理及人情兼備。

陳偉道
scwtc@cityu.edu.hk

第 *17* 封信
情理法・法理情

大明：

多年來你埋首兼讀「社會工作」課程，對平日在這個社福工作崗位的所見所聞，時覺百感交雜。

近年你在一家男童院舍擔任家舍家長，並協助社工進行個人及家庭輔導工作。凡涉及與其他機構交流或參與個案會議等工作，你都愛細心觀察。眼見部份同工的處理手法和態度令人失望；你身為「旁觀者」，察覺他們有不少處事方法，你是難於認同的。

你憶述某天一位社工轉介一名約15歲少年到宿舍來，少年在單親家庭長大，獨生子，母親為夜班工人，親子關係薄弱。因為缺乏家庭管教，少年誤交損友並經常逃學，終日四處流連，惹事生非，曾因偷竊及械鬥而接受「警司警戒令」。該少年入住三週後，與同工建立不錯的工作關係，經多番善導後，雖然行為未見明顯改善，但漸漸學懂反省並信任員工。

來信中，你坦然透露：在一次「舍員傷人事件」中，該少年竟然恐嚇及出手打傷他人，事後承認衝動，提出道歉，也表悔意。可惜那位轉介社工

第*17*封信 情理法・法理情──陳偉道

獲悉後，不但沒有欣賞該少年能反思和主動致歉的勇氣，反而大動肝火，怒斥該少年視她的訓誡是「耳邊風」，形容他是「朽木難雕」，認為住宿訓練對該少年已無法起規管作用，故決定替少年申請「保護令」，尋求法庭指示，結果該少年經法庭判住紀律嚴格的男童院生活；半年之後，該少年又因嚴重傷人罪被捕入罪，也許現正在某懲治院舍裏服刑。

你回顧該位社工的處理手法，認為當日事發後，該少年已表示懊悔，且又主動提出向傷者致歉，應是個很好的開始，理應獲得讚賞和勉勵。然而，那位轉介社工卻無視少年悔悟之心，不但沒有好好利用這次契機，予以讚賞，加以誘導，反以個人情緒為主導，躁動地妄顧該少年學習遷善改過的機會，結果間接令少年重蹈覆轍，最終受到法庭審判，令人神傷不已。你慨嘆宿舍的同工，竟然唯命是從地將少年的「福祉權」拱手相讓，間接令少年身陷囹圄。

來信中，你再三表達你不能苟同那位轉介社工的評估和決定。你曾多次與宿舍同工表達疑慮，為何轉介社工要在這關鍵時行使權力「絕招」，剝

奪該少年改過自新的機會？可惜你的同事對此不單沒表質疑，更拋出「轉介機構才是主責此個案的社工，她擁有權力，大家何必多管，自尋煩惱，宿舍只適宜加以配合便可」的答案。你質疑主責社工真的有「操生殺之大權」嗎？你更質詢為何宿舍同工必須要依從？你反問你的同工有否考慮過少年的「遷善權」（the right to change）？宿舍社工放棄該少年，讓他離舍是「配合」抑或盲從附和？

你嘆道同工是個專業社工，在處理涉及案主個人福祉的事情時，不應優柔寡斷，缺乏懷疑精神，放棄提出質疑的權利；你認為這等同放棄幫助案主改變的最後機會，作為一位社工，你深信人有自我改善的動機，只要激發到其內在改變的動力，人便有望遷善，大家就無權抹煞其改過的機會。

你不滿這位同工沒有經獨立思考便依從他人決定，嘆息這是個有待商榷的處事手法，而你也自責自己亦未能堅持社工信念，沒有立刻向上級反映，提出質詢，也是缺乏識見，妄顧公義，怯於挑戰轉介社工擁有的權力。

大明，你的自責與質疑同工的處理手法，以及內心的矛盾，我非常諒解。我深深感受到你十分

認同社工精神,一切以「案主」的福祉為主。你日常工作,處處盡顯你仁愛與關懷之心,又常常倡議恕道,凡事「以和為貴」作為行事方針。你關愛那位少年的情懷,擔心法庭判決的後果,早已溢於言表,心靈處認定「法庭命令」只會帶來「悲劇」,難助更生。你覺得宜以仁愛關懷精神,讓該少年留在宿舍裏受訓,不應草率行使權力,帶該少年上庭。

究竟仁愛關懷與權力運用是否互相排斥?也許我以上述個案為例,與你分享一些看法。由於你的來信中,未有進一步提供該名少年的背景資料、宿舍傷人事件詳情、個案會議紀錄、法庭報告等相關資料,我只能從一些社工信念與較合「法理情」的處理手法,與你一起探討「仁愛關懷」及「權力運用」兩者是否水火不融,抑或相輔相成?

無容置疑,在社工專業行使權力的過程中,考慮未成年的福祉,仍是工作員必須牢記的。社工必須中肯持平,從不同角度(法、理、情)多方考慮問題的癥結:從接案(engagement)、預估(assessment)與計劃(planning)到實施(implementation)、評估(evaluation)及結束

（termination）等，每一個步驟都是非常謹慎的。青少年的偏差或越軌行為（例如這一次你描述的宿舍傷人事件），皆有外在與內在因素。

行為的表癥正好反映內在心理問題，如衝動、冷漠、仇恨、敵視與反社會意識。這些心理狀況，也許由於缺乏愛、保護、照顧、安全感或長期身處惡劣的家境與社會環境所致。因此，專業社工必須有敏銳觸覺，輔以「同理心」，社工介入的前後宜只針對事件，莫羞辱人格，損害別人的尊嚴。

辱罵是「助人自助」專業的禁忌，因為這樣只會導致案主有樣學樣，跟着辱罵，從而引起憤怒，結果修和無望，各走極端。所謂「不歸之路」由此起，後果真不敢想像。

大明，你不妨回想一下，當日該名少年遭其轉介機構工作員的怒斥，會有甚麼反應；該名少年雖獲宿舍同工讚許頗有悔意，但其「傷人事件」在轉介社工心目中，實有違入住院舍的信諾，漠視接受院舍訓練的機會，應律己律人。

從法理角度來說，「傷人事案」可以構成刑事罪行，受害人如不欲修和，堅持檢控，也是他擁有

的人權；權力的行使有其依據。過於仁愛與寬大，可能變相助長他們無懼傷人的刑事後果。

轉介社工在處理此事時當然有其法理依據；然而，我們在行使權力時，也要以仁愛關懷之情，積極聆聽，細心分析箇中底蘊。至於是否應該給予機會，不妨留待個案會議（Case conference）再作討論，集思廣益，由主責轉介社工與院方代表（如個案工作員與宿監等）一起決定，此乃協作精神所在。我並不是不同情那名少年，然而他在短短三週便破壞宿舍規則，畢竟是未能自律，而且更出手打傷別人，也難怪轉介社工深表不滿。為了找出更好的方法，補足家庭疏於照顧，難於管教的困局，那位轉介社工察覺「志願性質」的院舍訓練未能奏效時，只好尋求法庭指示，本無可厚非。也許此舉是出於關心該少年的日後康復治療，以及考慮到該家庭難以在社區裏有管教的能力。

我認為問題的關鍵在於大家有否做好一切準備工夫，包括與家人協商，召開緊急個案會議，集思廣益，分別與聯合接見案主與受害人，了解傷人的過程，彼此的責任，審查悔意與恕道，以及兩位當事人是否樂於有「修和」的空間等。社工並不是

只談仁慈與關懷，適當時刻，運用權力，亦無可厚非。然而，問題的關鍵是工作員必須持守信念，以專業態度先行判斷，繼而酌情行使權力，務求法理及人情兼備。

　　總而言之，社工專業的判斷，宜按照「法理情」的多個角度，詳細分析。我深信凡事好商量，修和總有法。沒有足夠數據，貿然行使權力，只是濫用權力。「仁愛關懷」的精神應貫徹整個「權力運用」的過程，雙方並不是互相排斥；反之兩者並行不悖，相輔相成。

　　順祝
　　　安好！

陳偉道
陳sir

第18封信
自決的迷思

社工有責任讓服務對象知悉本身的權利及協助他們作出適當的決擇,且應盡量使服務對象明白他們的自決所要作出的承擔與及可能產生之後果。

顏文雄

第18封信
自決的迷思

小娟：

　　很高興你順利完成了為期五個多月的「社工實習」訓練，亦樂於見到你在「婚外情」家庭個案輔導技巧及價值觀之成長，成功地幫案主從「二奶」（second wife）手上奪回丈夫，積極地關心子女，一家人愉快地生活！

　　這個個案頗有啟發性，讓我們反思甚麼程度的自決是最為適當，或許我借此機會，與你回顧本個案的一些關鍵地方。

　　記得五個月前，當我們從家庭中心主任接到此婚外情個案時，你當時曾問我：「既然案主已決定要離婚，因為她覺得丈夫對她不忠，為甚麼我們不從離婚的歷程中去幫她？」

　　還記得我當時的回應嗎？我說：「雖然社工有責任幫助及尊重服務對象之自決權，但社工亦要先弄清楚案主是否仍然處於情感憤怒（anger）之階段，而作出非理性之決定。再者，案主是否真的不再給丈夫最後的改過機會？作出離婚之決定時，她有否想清楚兩位年幼兒子之撫養權及將來可能生活於離異家庭之環境（split family）。這些問題都是我們作為

受訓社工要與案主再積極詳談，而不是草率地協助她盡快離婚的原因。」

再者，我們要多用「同理心」（empathy）協助案主發洩她對不忠丈夫的憤怒，她才可以平靜及理智地想清楚應否給丈夫最後一個改過機會，這樣才是一個理性的自決（rational self-determination）。

你曾問案主如何發現丈夫不忠的情況及如何打破他之謊言（推說時常要回內地工作，但其實在深圳已與一位「二奶」同居一年多了）。你從案主對丈夫的責罵，體會到案主之無助及無奈。

我曾提醒你要再問案主的丈夫有否悔意及改過之決心，終於在第三次面談時女案主才說：「他曾經叫我不要離婚，希望我給他最後一次改過自身的機會，他承諾會離開那個女人，但要一點時間，因仍有些『手尾』要處理。但是我聽了十分憤怒，以為他仍然想一腳踏兩船——採用拖延時間來作逆境求存！」

還記得你曾問案主：「你想打此場仗嗎？你想從那『女人』手上奪回丈夫嗎？」然後你與案主協商，找到共同處理的工作目標：

（一）與丈夫重談他離開「二奶」的意向及具體行動；

（二）以三個月作為期限去確認他的誠意，及

（三）願意協助丈夫分擔他之煩惱，但絕不再容忍他一腳踏兩船。

案主於是由憤怒及絕望階段，邁向積極行動及自決歷程，但是第一個月，丈夫仍然「固步自封」，常返內地，與「二奶」通電話。於是我們協助案主進入第二階段之治療：充權（client self-empowerment），鼓勵案主選擇了除「家庭」、「兒子」、「丈夫」以外之個人選擇，例如考慮找兼職，將照顧幼兒的責任交給婆婆，及多些回娘家小住——希望傳遞一個強烈訊息給她頑固的丈夫。你還記得當時你曾反問我：「這些方法有用嗎？」

很快我們便有明確之答案了！案主的丈夫突然一反常態，從一直不肯來與你面談到忽然致電求見。在單獨面談下，他曾要求你作為社工可否代他向太太要求多三個月時間，給他與「二奶」弄清楚在內地房屋之業權。可是此要求卻被你即時拒絕，你還反問他為甚麼不直接向太太提出此要求？我覺得你在這方面做得恰當。但更為恰當的是你能夠把

握此良好機會，將女案主對丈夫之最後要求及只剩下兩個月時間之期限，與他詳談不再改變之利與弊，及令他明白你作為社工的角色不是為他傳遞訊息，而是希望為他們的良好家庭復合。可惜的是，這次面談沒有甚麼具體的計劃（work plan）達到。

又過了一個月，期間見到丈夫有些改變，返大陸探「二奶」的次數減少，亦不敢在家內接「二奶」的電話，但仍然要求太太多給他另外三個月時間，以便賣了他與「二奶」在內地的房子。可是案主仍然堅決地拒絕此要求，並重申一個月之內仍不見到丈夫離開「二奶」，便會帶同兩名幼兒搬走，並申請離婚！相信你當時亦感受到提供「婚外情」家庭復合有效輔導之困難及作出理性抉擇的兩難（dilemma）：離婚是很痛苦的決定，但決不能容忍丈夫「一腳踏兩船」、「一夫兩妻」之拖延辦法。你當時很煩惱，問我如何是好。

我問你：「案主的丈夫最怕是甚麼？」你記起他曾說過最怕太太帶了他疼愛的兩子離家而去。我說機會來了，可以試試與案主研究先行帶丈夫最疼之六歲大兒子回娘家小住一個星期，以測試丈夫之反應。我還記起你當時仍然是在「半信半疑」之情

況下與案主研討此方法之可行性。誰知案主馬上贊同，並即時帶了大兒子回娘家在珠海之祖屋暫住一個星期，留下四歲的小兒子給婆婆照顧，並留了一條簡短便條，希望丈夫下決心離開「二奶」。

結果男案主又主動要求見你，他說這次他真的想通了，決心斷絕和「二奶」的關係。我記得你作為女性問了一條很好的問題：「那麼你的具體行動及計劃時間是如何？因為我要讓你太太看到你的誠意！」男案主終於說出以下的心聲：「其實我是很疼兩個兒子的，太太亦不差，只不過外間的誘惑實在太大，尚幸沒有與「二奶」生過小孩，離開她只是金錢上的損失，我兩個幼兒仍是十分可愛的！」最後男案主把內地「二奶」在深圳居住的房屋賣掉，並有一段頗長的時間沒有返回內地，更曾帶同太太到與「二奶」會面的地方，以證明他之決心！

小娟，你得留意，自決的迷思出於起初女案主作出離婚之決定是一個非理性之抉擇（irrational self-determination），她當時仍然是處於極度憤恨丈夫「包二奶」的不忠行為。

還記得我們用了非直接主導工作手法（non-directive approach），一方面答應案主協助她尋找子女撫

養權之資料，另一方面卻多用同理心協助她發洩對丈夫之憤怒（案主曾試過因此而連續數星期失眠和頭痛），從而探討她是否有決心去打最後一場仗，從「二奶」手中重奪丈夫。後者之決定需要很大的決心，不然便不能承受丈夫那些「似是而非」之「離離合合」緩兵之計。在協助案主達到理性之抉擇方法時，我們亦曾幫助她尋找家庭、兒子及丈夫以外之自我充權方法及個人抉擇，使她明白不一定要完全依賴丈夫去生活，從而加強她與「二奶」爭奪丈夫的決心，不輕易受「甜言蜜語」欺騙！

你曾經問了一個頗有意思的問題：「為甚麼我這般明白男性於婚外情之心理需要及角度，尤以他們最怕是甚麼？」

我可以分享的是：社工是相信人「性本善」，犯了「婚外情」之男人始終是關心子女的，除非他不是一個理性的人。外間的誘惑雖然很多，但只要家中的妻子給予很強烈及堅定之訊息，加上最後期限，顧家的男人仍然是會關心子女及家人。當然，有效輔導技巧之成長，是需要工作經驗及技巧之反思相輔相成的。

這次經歷讓你明白，社工有責任讓服務對象知

悉本身的權利及協助他們作出適當的抉擇，且應盡量使服務對象明白要為自決所作出的承擔及可能產生之後果。而最為重要的是要協助案主有理性的自我抉擇（rational self-determination），而不是非理性之決定（irrational self-determination）！

希望這次難得的輔導經驗開闊及深化了你對自決倫理守則的認識。在此祝你在專業發展的道路上不斷成長，工作順利，身心健康！

顏文雄

第19封信
社會工作的專業判斷

社工訓練是賦予同學一個廣闊及普遍的知識理論基礎。在實踐的時候,同學便需要將這些普遍的知識理念運用於符合現實情況及服務對象的特殊環境中。

霍瑞堯
scfoksy@cityu.edu.hk

第19封信
社會工作的專業判斷

小方：

轉眼間你已完成實習，現在是否正享受你的悠長假期？生活過得愜意嗎？

還記得上兩周在學期終的檢討面談中，你談到在這一年學習到不少知識和技巧，但另一方面又覺得所學到的很不實在，擔心不能應付未來的工作。你說有時當我們討論到你的實習工作時，你很想直接知道你的介入手法是對或錯，但我多沒有立刻回答，相反提出了更多問題，譬如問你為甚麼會這樣介入？介入時考慮甚麼因素？覺得效果如何等？你覺得這些問題能幫助你思考，但你仍很想知道甚麼是最正確的處理方法，如何能做得更好。

小方，我很理解你的問題，亦欣賞你的好學精神。事實上有不少同學曾與我分享過同樣的想法，期盼老師能直接教導一套可依循的標準方法及詳細步驟去處理工作上的問題。

其實，當同學在課堂上問我標準答案時，我每次都感到矛盾。當我看到你們焦急及熱切期待的目光時，我真希望能滿足你們；但事實上，在社會工作的範疇內，並沒有一套最正確的工作手法，工

作員需常作專業判斷。這也是我今次寫信給你的目的，談談專業判斷的重要性及如何發展專業判斷的能力。

社會工作的服務對象是「人」。每個人都有其獨特性，有獨有的思想及行為模式。人與人之間的交往更是複雜，彼此倚賴、互相影響。這使所有與人有關的工作，如教師、律師、社工等，既有趣，又富挑戰性。試想想，若人類的行為都能被一套清晰的方程式解讀，生活還有甚麼樂趣呢？

作為社工，從與服務對象接觸那一刻開始，我們便要行使專業判斷。例如，當對方道出他/她的問題時，我們便開始分析他/她的處境，想着該搜集哪方面的資料，找出問題的癥結及從眾多個不同的可行方案中決定下一步的介入手法。每一個環節都需要工作員作出決定。

在整過助人歷程中，工作員要不斷檢討形勢，檢視自己之前的想法有沒有偏差及需要修訂之處。而往往這些決策需在電光火石間作出。因此工作員要具備專業判斷的能力以處理日常工作。

小方，可能讀到這裏，你會感到擔心，憂慮自

第 *19* 封信　社會工作的專業判斷——霍瑞堯

己沒有這方面的能力。那你可以放心，學院的社工訓練目的就是裝備你們這方面的能力。

在實務工作方面，雖然沒有一系列標準的介入方程式，但它們都是建基於一套知識體系上，譬如社會工作有一套專業守則及價值觀，指引我們如何分析問題及在介入時考慮哪些因素。舉例說，我們在督導面談時，曾討論當組員在組內發生衝突時，工作員應如何處理？當時我們的討論集中於小組衝突是好是壞？要決定介入與否要視乎眾多因素，如衝突的原因、對當事人及小組的影響、當事人是否有動機及能力去解決此衝突、其他組員對事件的反應、還有工作員本身及對小組衝突的看法、是否有足夠時間去處理事件等等。

所以一個看來很簡單的問題，在不同的小組環境，工作員可選擇不同的處理方式。工作員的決定往往是建基於他/她對小組工作的功能、小組動力、心理學等知識的掌握及運用。

社工訓練賦予同學一個廣闊及普遍的知識理論基礎。在實踐的時候，同學便須將這些普遍的知識理念，運用於符合現實情況及服務對象的特殊環境中。

第 *19* 封信　社會工作的專業判斷──霍瑞堯

　　對一些剛畢業的同學來說，要靈活運用課堂上的知識理論委實不易，而且壓力也很大，但你應該知道熟能生巧的道理，透過經驗的累積，我們會變得更成熟，更有智慧。不過，小方，你可別以為經驗就等同進步。有些人可以重複工作數十次、數百次、以至數千次，仍然原地踏步，關鍵取決於他們能否從經驗中學習，有否檢討及反省自己的工作。

　　反省是一種超越自我，向內檢視的行為。

　　一般來說，要挑剔別人的錯處很容易，相反要檢討自己的表現及想法則相對較難，需要很強的洞察力及無比的勇氣。

　　你常問我怎樣可做得更好，還記得我笑着對你說，要教你安裝一套自動監察系統，日後即使沒有老師在旁，自己也能懂得檢視自己的工作，作出改善，提升你內省的能力。我要你在提供服務時常習慣撫心自問：搜集的資料是否足夠？對服務對象有沒有偏見？有否考慮不同的介入方案？有否太快下判斷？事實上，除了專業知識及技巧這層次外，工作員亦受個人因素，如性格、個人價值觀及信念的影響。這些常不自覺滲透於工作員的思想及行為中，影響了專業判斷。所以工作員要有敏銳的觸

覺，時作反省；要謹慎從事，因為我們的判斷可能對服務對象影響很大。但另一方面又不要給予自己太大壓力，以致不敢作出任何決定。

正如上文我提到人的行為思想極之複雜，很難掌握一切資料，工作員只能在有限的資訊下，視乎當時的情況及考慮到服務對象及受影響的人之最大福祉之後，作出最好的判斷。這個判斷未必準確，甚至可能是一個錯誤的決定。重要的是工作員已盡了最大的努力及經過慎重的思考。此外，當他察覺有問題時，能即時作出反省及補救。

內省雖然是個人的事，但只要你有敏銳的觸覺，你的服務對象亦是你的好幫手。對於工作員的行為及意見，他們一定會有所回應，工作員可以從他們的回饋中反省自己之前的判斷有否偏差。這些回應可能是直接或間接的。服務對象有時會直接的告訴你是否同意你對他/她問題的分析，或者工作員可主動邀請服務對象分享他們的想法。

有時，服務對象會以間接的方式來回應工作員的判斷。我試用你實習的一個個案王婆婆作為例子。從最初幾次與王婆婆的面談內容，你評估王婆婆因初到院舍，有適應上的問題，加上她個性被

動，所以在院舍生活得並不開心，沒有朋友。於是你便訂下目標，希望能擴大她的社交圈子。你一股勁兒地鼓勵她參加院舍舉辦的活動，但王婆婆對你所有的提議都不感興趣，推說沒有時間，或說身體太累，不想參加。經過幾次面談後，你開始懷疑自己的能力，及檢討評估是否準確。幸而你沒有放棄，繼續關心王婆婆，終於了解到原來她擔心自己的積蓄不夠支付院舍費用，所以才提不起勁。這個經驗說明，你最初的評估確實不準確，原因可能是你太着急，希望能幫到王婆婆，或太理所當然地認為一般新入住的舍友都會有適應上的困難。但王婆婆對你的判斷發出訊息，使你重新修訂你的評估及介入手法。所以，時常留意服務對象的反應或直接詢問他們的看法，是引證我們的專業判斷是否準確的最好方法。

總括而言，任何一個以人為本的專業，都要求工作員有敏銳的專業判斷能力，而這些專業判斷是建基於一套專業理論及工作員的開放的胸襟上。

由於服務對象是「人」，工作員需要靈活及具彈性地視乎服務對象的特殊性去作出最佳的判斷。另一方面，工作員需要不斷反思及勇於修訂。那

麼，他/她的判斷能力便能得以提升。

　　小方，我對你有信心，因為一向你都是一個好發問，肯內省及努力改善自己的人，只要你再加努力及不斷進修，一定能成為一個好的社會工作者。日後，你正式投入工作時，可回來與我分享你的心得。

　　謹祝你
　　　　學業進步，生活愉快！

Miss Fok

Miss Fok

第20封信
我是否適合做輔導員？

不少成功的輔導員在任何時間皆會積極聆聽，多聽少講，恰當地發揮同理心，根本不再分甚麼是輔導，甚麼是非輔導的溝通方法。

莊明蓮
ssachong@cityu.edu.hk

第20封信
我是否適合做輔導員？

啟智：

今天下課時，你語帶憂慮的問我：「Alice，我不知道自己是否適合做輔導員呢！」

你說，今天在輔導技巧訓練課堂上，大家討論如何為一個與丈夫不和的中年女士提供輔導時，看到同學們皆十分投入地發表意見，但自己卻總是覺得很難掌握當事人的想法及情緒；畢竟，自己還年青，又尚未結婚，又如何能完完全全代入對方的境況，掌握她的情緒呢？

究竟是否擁有類似人生經驗才能發揮真正的同理心呢？當然，經驗豐富的輔導員較易體會受助人的處境及心情，但是，仍有其他方法可以增強自己的同理心。

方法一是留意時事，尤其是人際關係方面（不論是家庭、學校、僱主、僱員、不同年齡、族裔或性別），或是個別人士的身心靈有關的新聞；不論是成功或是挫折，是正面或是負面。我建議你多留意當事人的行為及其行為對其他人或群體的影響。這些真人真事讓我們更掌握我們身處的社會，以及社會上人與人的互動。

方法二是盡量代入對方的境況。當你觀看時事時，盡量代入事件中的主角，想像假如是你，你會有何感想、情緒、行為。當你接觸一些以前未曾處理的案主前，先閉上眼睛去感受一下對方所身處的環境；想像你是住在他/她的住所，接觸他/她身邊的親友，面對他/她的問題；那麼你便較易代入他/她的處境。

總括來說，同理心的建立是要「三多」：多觀察，多關心，多想像。

人生經驗是有幫助，但不是最重要的。因為，有時候，以前的經驗反而會影響自己的客觀性呢！

啟智，你看到其他同學滔滔不絕的發表他們的意見，你感到自愧不如，由於你拙於辭令，你會懷疑是否要口才辯給，才能盡快與案主建立關係，才能有效地開解對方。

啟智，一個面對困境的人最需要的不是滔滔不絕的意見；而是一個能積極聆聽而無條件接納自己的輔導員。

你可能會問「聆聽真的是那麼重要嗎？」是的，積極聆聽的功效宏大。第一步是用心去接收訊

息；我們不但聆聽其言語表達出來的內容，更要用心用眼去理解他們一些身體上、非言語上的溝通；並盡量掌握一些他們尚未能清晰表達的情緒或意念。過程中，我們要盡量放開自己，不妄下判斷，並無條件的接納對方的想法，行為及感受。

積極聆聽的第二步，便是用清晰精簡的言語回饋（例如「內容反映」、綜合問題等），告訴案主你對事情的理解，看看是否與他/她的感受、態度或想法吻合。積極聆聽反映你對他/她的尊重，反映你「以客為尊」的態度，對方可以安心傾訴心事。由於你無條件的接納，他/她不用作無謂的自我防衛。由於你的親切回饋及有系統的提問，他/她可以從容地整理思路，找出問題的核心，弄清自己的期望。

故此，聆聽比口才重要。其實我們有兩隻耳朵但只有一個咀巴，亦即是提醒我們，多聆聽，少說話呢！

你認為人生經驗及口才是輔導員的成功要素，這或許反映出你對輔導目標的一些繆誤。正如上一課的角色扮演中，不少作輔導員的同學皆十分希望能盡快幫助阿穎（一個發現自己的愛侶一腳踏兩船的中六學生）走出困局，於是在短短10分鐘的輔導

中，不斷給予自己的意見，甚至要求對方答應一定要將意見付諸行動。這雖然顯示你們樂於助人的美德，但亦反映大家假定輔導員的責任是協助對方排難解紛；潛台詞可能是：「你不懂如何處理自己的問題；故此，你需要我的協助。」

但是，輔導最重要的目的跟社會工作目標一致：乃助人自助，讓其充權（empowerment）。我們深信每一個人皆擁有處理問題的能力，皆能改變；但是，當我們情緒異常激動和高漲時，這些能力便不能有效地發揮出來，我們便會變得無助，感到徬徨，繼而懷疑自己。但是，假如這些情緒得到宣洩，我們便會運作正常，可以如常的處理自己的問題，甚至從痛苦中學習，從挫折中成長，人變得更成熟，更堅強。這便是「充權」的體現了！

故此，輔導並非提供即時的問題處理，而是提升當事人處理困難的能力。輔導員乃一個有同理心的同行者，提供一個安全接納的環境，讓當事人可以從不同角度了解自己的問題，明白自己的要求；再透過輔導員的支持和提問下，找出不同的處理方案。

相反，假如輔導員滔滔不絕地分析對方的問題，反而可能會提錯用神，令對方覺得你根本不瞭

解自己；急於提供建議，亦可能令對方覺得你有意把自己的想法或價值觀加諸他身上。

緊記輔導員是否有類似人生經驗並不重要，輔導員是否好口才，是否有說服力，亦不是成功因素。

解決問題的責任既然是在當事人身上，輔導員便要透過積極聆聽及同理心，協助當事人盡快宣洩自己的情緒；當他們的情緒轉為平靜後，他們一貫的辦事能力便可抬頭，他們便可以有效地處理自己的問題。輔導員或許要提供一些相關的社區資源資料，或許要協助他們設計一套有系統的行動計劃，但是，我們不希望案主太依賴輔導員。我們要求他們自強不息，自助助人。

你又提到輔導技巧好像有點虛偽，在與同學配對的朋輩輔導中，你老是要提醒自己，「現在不是一般的與朋友傾談；現在，自己是朋輩輔導員，要多聽少說，盡量不給予意見，還要多讚賞！」這一切一切與自己一貫的溝通方法不一樣，覺得很為難，好像很虛偽！

類似的反應我聽過不少，尤其是當同學們剛開始學習基本的輔導技巧時，部份同學會有類似感

覺；但是，我可以告訴你，這些不習慣會很快消失！

　　啟智，希望你了解，我們熟習的溝通方法不一定是最有效的方法。好像一些拿筷子方法不當的人要學習正確方法也會覺得不習慣一樣。這亦非說我們一貫的方法有問題，但是輔導中的人際關係跟朋友相交有基本上的差異：輔導時，當事人情緒及理智比較脆弱；同時，輔導員作為一位專業人士也享有一些專業的權力；基於這兩個原因，輔導員要特別謹慎，不宜過早或隨便的給予意見；而且，我們着重的並非以「即食麵」的方式去解決問題，而是提升他們的分析能力及處理問題能力。

　　其實，啟智，當你在課堂及在朋輩輔導中不斷練習時，慢慢你會掌握得更好；再透過實習，你便會覺得如魚得水，不再感到別扭。這些問題也反映出你是一個對輔導認真的人，你願意探索甚麼是輔導，怎樣才可以做得更好。你肯反思自己是否合適，從而更掌握自己的長處及短處。就是這些反覆思量，這些戰戰兢兢才驅使你更深入探究，讓你更進一步。現在你可能仍在學習，但這好學的態度會助你更上一層樓。

有效的輔導並非單靠技巧，而是以自己的生命去影響生命。啟智，你的尊重讓對方更能自重，你的接納讓對方更開放自己，你的鼓勵令對方更有勇氣！

　　我留意到不少成功的輔導員任何時間皆會積極聆聽，多聽少講，恰當地發揮同理心，根本不再分甚麼是輔導，甚麼是非輔導的溝通方法。亦即是說，這些溝通方法已成了他們的個人風格了。

　　我與這些輔導員相處時只會感到如沐春風，毫不覺得他們造作。故此，我祝願你將來也能達到此理想境界！

Alice

第21封信
經歷不同,能否感同身受?

相同的經歷有助工作員對服務對象的同理心,但這不是必須的,也不是必然的。

文錦燕
sckym@cityu.edu.hk

第21封信
經歷不同,能否感同身受?

羚怡:

收到你的電郵,就近幾個星期我們在「助人技巧」課堂上同學們所作的「面談實習」及隨後的討論,引發你課後進一步探究、反思「作為一位社會工作員,如何能夠進入每個不同服務對象的內心世界,與他們感同身受?」,實在欣賞你在課堂內外都努力、主動、認真地學習。

電郵中,你坦誠分享自己在面談實習課堂裏擔當「社工」輔導一位男同學(當事人)的學習歷程。在那個面談過程中,當事人逐步披露自己被父母兄長冷待,他們均偏愛妹妹。你是獨生女,在家中得到的待遇與當事人截然不同。對於當事人表達的家庭生活情況,你感到陌生。一時之間,你難以用他的觀點或角度去分析和體會。你自問未能發揮同理心,理解他內在的思緒,道出他的感受。

電郵中,你也嘗試探究未能設身處地了解當事人的原因。你認為自己當時未能體會當事人得不到父母兄長關懷而感失落的心情;不大理解他會想到自己在至親的心中只是可有可無的一個;不能夠完全明白當事人自幼在家靠邊站的經驗如何影響他自覺渺小無用等思緒。你不禁疑惑,工作員與服務對

第21封信 經歷不同，能否感同身受？——文錦燕

象是否要經歷相同，才可感同身受？

羚怡，我認為相同的經歷有助工作員對服務對象的同理心，但這不是必須的，也不是必然的。

現實是：社工與服務對象往往是沒有相同經歷的。通常服務對象的年紀、身心發展階段、家庭背景、學歷、工作經驗、人生閱歷、成長年代和社會環境與工作員完全不同。試想服務長者的社工，不大可能有老年人的身軀機能或走過他們「想當年」的歲月。

縱使經歷不同，社工也可以嘗試設身處地，猶如置身於當事人的生活中，並進入他/她的內心世界，仿似與他/她同呼吸、同思想、同感受。在與服務對象交往、輔導的過程中，我們所表達的「明白」、「體諒」與「共鳴」，帶動當事人減少顧慮，可以安心把自己的經歷、想法、感受、對己對人的影響，一一向工作員流露。工作員給予當事人的觀感，不會是格格不入，或是話不投機；相反，工作員能夠善解人意，可以明白他/她的「話」，更可了解他/她的「心」，溝通由此而展開，信任也由此而建立。因此，工作員發揮的同理心，對建立工作關係及隨後的輔導是非常重要的。

羚怡，我除了欣賞你努力不懈，還欣賞你用心反思、虛心學習、勇於求教。你在電郵中問到，有甚麼方法幫助我們在經歷不同的情況下，可以提升對服務對象的了解，令自己盡可能體會別人的經歷？

社工能否有「與服務對象同理、同心的能力」，或多或少與本身的生活經驗相關。羚怡，增進人生閱歷是使我們盡量能夠與服務對象感同身受的不二法門。就從日常生活經常接觸到的人與事出發，例如多關心長輩（爺爺嫲嫲）身體安康，和他們閒聊，聽他們談談往事，就憑平日的接觸、溝通已經有助我們認識長者的身心狀況、他們對人對事的觀點、及經歷過的社會大事。

只要我們多與家人、親戚、同學、新舊朋友、同事、教會或其他團體的會友交往溝通，別人分享的生活片段，表達的喜、怒、哀、樂，亦可彌補自己人情世故上的不足。

欲豐富人生經驗，當然也要擴闊生活的接觸面。我想你曾聽過這兩句話：「耳聞不如目睹」、「讀萬卷書不如行萬里路」，就是提示我們從實境中見識事物，從直接與人接觸中領悟世情。親身

到現場探訪不但增廣見聞，更可讓我們有機會親自感受一下。羚怡，你曾到籠屋探訪，居民都是中年以上的獨身漢。你目睹籠屋的擠逼、日用品放滿床上，廚房廁所非常簡陋。還記得你與同學們在一個夏天的晚上作此探訪，之後你告訴我，當時熱氣逼人，還擔心屋內可能有各式昆蟲與人共存。你們入屋訪問大半句鐘，已感悶熱難耐。基於自己這個「小經驗」，再加點想像力，試想要你在那裏逗留一個炎熱下午，你有何感受？若要度過數十、數百個悶熱夏夜又如何？

我們「微細」的經驗大抵不能與服務對象的相比較。我們學習體會他人經歷時，可嘗試以自己的生活經驗為基礎，將心比己想像自己有他們的遭遇，過他們的日子，事情像是發生在自己身上，或許我們比較能夠感受服務對象第一身的感受，而不僅是一個旁觀者。

羚怡，你可曾想到社工耐心聆聽、用心感受是令我們可以體會服務對象經歷的必要元素？聽的不但是字句內容，還有是字句行間的情感；觀察的不但是外表裝扮，還有是無聲勝有聲的面容表情；領會的不但是形於外的言行，還有是藏於內的心思。

在輔導過程中，工作員與服務對象的同感，建基於積極聆聽，這是不可或缺的。

你在電郵中提到，你相信與服務對象有相同經歷的社工，在輔導當事人時會更勝一籌。我基本上同意你的論點。社工輔導某些服務對象時，若大家有共同的經歷，社工一方面可運用自己的專業知識、技巧和價值觀去提供服務，加上過來人的親身經驗，他/她會比其他工作員更能貼近服務對象的心，捉摸他們的內心世界，洞悉他們的思想模式，理解他們的言行反應。工作員對服務對象的了解，使服務對象相信工作員是可信賴的，相信社工有能力扶持他們。

因此，經歷相同可成為社工服務人的良好元素。試想，一位本身是單親父母的社工，或自己也曾克服病患困擾的社工，他們實在的經歷會更有說服力。

社工本身曾「經歷過」，無疑對當事人面對的困難、思想情緒、身心反應等都會有較為具體、確切的了解。但是，亦可能影響到工作員過度投入，因而阻礙輔助歷程與成效。若工作員年幼時曾被父母虐打，當事人訴說相近的經歷時便會牽動工作員對自身經歷的思緒，難以集中精神協助當事人。或

是，工作員不自覺地以自己的經歷為藍本，把自己的想法、感受、價值觀都投射到當事人身上，沒有切實地了解當事人。

分享至此，羚怡，我希望你可以明白：經歷不同，也可感同身受；經歷相同，不一定可以感同身受。

人生經驗是要點滴累積的，年輕人不能強自己所難，要求自己在短短兩、三年間速成裝備好豐富的人生閱歷，才可以在工作崗位上了解服務對象。當然我相信你不會以年輕為藉口，解說自己不能明白服務對象也是理所當然的。只要你願意由現在開始，張開眼睛，打開耳朵，踏足社會，接觸人群，可以設身處地了解服務對象的能力自會與日俱增，得到他們的信任，開展助人的工作。

祝
　　往後生活豐盛，常存喜樂！

Ms Man

Miss Man

第22封信
社工要處理好自己的問題才可以助人？

只要我們積極面對，不抗拒尋求專業輔導，我們的個人或家庭問題可以不影響我們的專業助人工作。

陳裕娟
estella@cityu.edu.hk

第 22 封信
社工要處理好自己的問題才可以助人？

瑤瑤：

很多謝你電郵傳來今周的實習反思日誌。讀後我先就幾件對你較有衝擊的實習經驗作以下的回應。如有需要，我們可在下一次的督導會面再作更深入的討論。

在反思日誌中，你告訴我日前和一位初中女生面談。這案主的遭遇令你憶起自己不幸的身世。你說當這位女孩子講述她母親如何逼迫她的時候，在你的腦海中不斷浮現自己母親的樣子，以及你與母親不愉快的相處經歷等種種片段。你說這女孩的母親與自己的母親極其相似；而這女孩現在的處境也與你童年的經歷很類似。你倆都無法躲避母親的逼迫，只好無奈地忍受痛苦。

正因這案主的故事勾起你與母親之間尚未處理得妥的情感（unresolved feelings），你的情緒被牽動了，以致你懷疑自己的專業能力（professional competence），甚至質疑自己是否適合當社工。

瑤瑤，你與案主有着相類似、甚至共通的人生經驗，使你更能明白案主的境況，更能理解她無助亦無奈的感受。

> 第22封信 社工要處理好自己的問題才可以助人？——陳裕娟

沒錯，我們作為助人專業人員要有情感的投入（emotional involvement），才能與案主產生共鳴。

在協助案主的過程中，我們的情緒和情感與案主相互牽動，我們與案主的生命亦相互地影響着對方。社工經常說的，所謂「生命影響生命」並不光是口號。

你與案主有着相同的人生經歷本身並沒不妥。相反，這樣可令你更能有效地理解案主的困境與需要。豐富的人生經驗，有着與案主共通的經歷，這都有助我們進入案主的內心世界，了解其真正的處境和需要。

作為社工，我們亦是個有血、有肉、有情感的平凡人。當然我們會被案主的經歷、遭遇、人生故事所感動。要不然，我們根本沒法理解案主的處境，更談不上感同身受他們的痛苦遭遇和困境。

瑤瑤，我們的過去，我們的經歷已成為建構我們「自我」（constitution of our self）的一部份，亦是構成我們的價值系統（value systems）的重要元素。既然我們無法抹走自己的過去，亦無法全然摒棄自己的價值觀，我們便不應該消極地看自己的過去，反而

應利用過往的人生經歷，我們的價值系統，作為幫助我們理解案主的基本要素。

詮釋論（hermeneutics）哲學家漢斯・佐治・伽達默（Hans-Georg Gadamer）說，理解是預設了「成見」（understanding presupposes prejudice），亦即是說理解必然蘊含價值判斷（value judgment）（阮，1993；Gadamer，1967）。【有關詮釋理解（hermeneutical understanding），讓我們日後有機會再詳談。】正因為我們不可能徹底擺脫自己的「成見」（阮，1993；Gadamer，1967），我們理解案主的處境時必定是由自己的理解角度出發，必定有價值的介入。你可能會問這不是很主觀嗎？沒錯，理解（understanding）在某程度上是主觀的。但我們可以在主觀中達到某程度的客觀。而詮釋論者認為這是可以辦到的。我們可以透過與案主的對話（dialogue）或溝通，了解他們的角度，然後反過來用案主的理解角度來批判自己的理解角度。

要做到這一點，我們必須放棄專家的角度，放棄用所謂專家的語言、詞彙去理解案主的行為（阮，1993）。

在這裏我說「對話」（dialogue），「對話」是假設了參與對話者之間有着平等參與的機會，沒有

權力的不平等及地位高低之別。如果我們想真正理解案主的情況，便不能抱着「專家」的態度，給予案主的情況「教條式」的判斷（dogmatic judgment）。反之，在我們與案主對話的時候，要給予案主相等的參與機會。對話是否成功視乎我們與案主能否敞開自己的視野。對話的成功和理解的達成，就是雙方視野的融合（fusion of horizon）（阮，1993；Gadamer，1967）。換句話說，唯有當我們承認自己的理解角度並非唯一的角度，並願意接受批判，進行自省的時候，我們才有可能對案主有較深層的理解，體會案主所經歷的苦痛，諒解案主的行為（阮，1993，131-132頁）。

正因為我們理解案主的時候無法徹底摒除自己的「成見」，亦無法保持價值中立（value-neutral）（阮，1993），案主的遭遇便很可能令我們回憶起自己的個人經歷，勾起我們對某些往事的情緒反應。因此，我們要對自己的個人價值系統有所警惕，不要把自己的價值觀強加諸於案主身上，也不要把自己的個人經歷與感受投射在案主的處境上。

若果我們的個人問題影響到我們不能作出專業判斷，或者影響到我們的專業表現時，我們應立刻

寻求專業的協助。如有需要，應暫時休假，先處理好自己的個人問題，才可避免導致專業失德。

在另一天的日誌中，你談到與一位有婚外情的男案主面談時，發現這男案主對自己妻子的不忠毫無悔意，甚至理直氣壯地覺得自己一點兒也沒錯，反過來指控妻子和兒女對他怎樣怎樣的不好。你告訴我，當時你努力控制着自己的憤怒情緒，然後問這男案主，如果他的妻子和他抱着同樣的觀念，與別的男人有婚外情，他會有何感受。你說這男案主的回答非常肯定，亦很堅決。他說：「不可以。」他解釋道：「女人要克守婦道，而男人風流並不是問題。」

面對着這樣一位案主，你說你根本不可能接受，亦很難控制自己的憤怒。同時你有點討厭自己不夠「專業」。你說這是因為社會工作專業價值要求社工要接納案主及控制自己的情緒表達。

瑤瑤，當你遇到一位與自己所持的價值觀完全不同或與社會道德期望有着很大差異的案主，這正好給你機會檢視自己的價值觀。我同意要做到接納所有類別的案主並非容易。然而，我們要分清楚接納（accept），不等於認同（recognize），更有別於認可

（approve）案主的行為。我們需要接納及尊重案主作為人本身的尊嚴，但我們可以不認同他/她的行為。你明白這點嗎？如果有需要，讓我們在督導會面時再作討論。

你說在初次與這位有婚外情的男案主見面時，你嘗試運用一些治療模式，協助他更了解自己妻子及兒女的好處，從而改善與他們的關係。你還教了他一些魔法技巧，好讓他與家人打開溝通的話題。你更給他家課，要他在下一次與你見面之前找出妻子和兒女的各樣好處。恐防他躲懶，你告訴他，你會打電話提醒他要履行家課的要求。

初次與這案主會面，你很快地就為他的家庭問題斷了症（diagnosis），下了治療配方（prescription/treatment formula）。注意：我在這裏用了「斷症」和「治療配方」這些醫學術語來描述你的介入（intervention）。這是因為你似乎與醫生一樣扮演着「專家」的角色，為你的案主「斷症」（他不懂得欣賞妻子和兒女的好處）及「下藥」（要他找出妻子和兒女的各樣好處）。同時，你似乎亦已假設了案主完全同意你對他的家庭問題所作出的「診斷」，並會依照你所給予的治療藥方「服用」（compliance with the treatment prescribed）。

但試想想社會工作的模式與醫生所用的醫學模式（medical model）是否有所不同？試想想將醫療模式應用於社會工作中有何不妥或不足？同時，試反省你在處理這個案的時候是否將你對自己父親不負責任行為的指責投射在案主身上？你是否將自己期盼父親為他的過錯反省，渴望他明白母親及你們作為兒女的感受，期望父親多點欣賞母親與你們兒女的好處，加諸於這位男案主身上？如果事實是這樣的話，你對這案主的處境所作的分析就很可能有偏差，更會令案主覺得你偏袒他的妻兒，覺得你並不明白和理解他的真正感受與處境，他當然不會與你合作，更不會履行你給他的家課，他甚至不再接受你的輔導服務。

此外，你又說這位男案主的個案使你想起自己存在多年但仍沒法處理的家庭問題，這令你非常沮喪。同時，當你憶起父親不負責任的行為又使你極之憤恨。最後，你感慨地說：「我連自家的問題都解決不了，又怎能當社工去幫助別人排難解困呢？！」

瑤瑤，俗語說「家家有本難唸的經」，也即是說，你我的家庭都存在着某種及某程度的問題。

正如維珍妮亞・沙維雅（Virginia Satir）強調，「問題」（困難）不是問題；如何應對才是問題（張，2005）。那就是說，我們處理問題的方法和態度比問題本身更重要。我早前說過，當有需要的時候，社工也可以，亦應該尋求專業協助，積極面對及處理自身的個人或家庭問題。

總括來說，只要我們積極面對，不抗拒尋求專業輔導，個人或家庭問題可以不影響我們的專業助人工作。

我們的經歷，個人或家庭的各種問題，有助我們理解案主的困難與苦痛，產生同理心。但是，我們要將自己的問題與案主的遭遇畫清界線，不要將自己的經歷、感受轉嫁於案主身上，更不能將自己的價值觀強迫案主接受。

好了，先談到這裏，下次督導時再談。

祝你
　　　周末愉快！

導師
裕娟

第23封信
怎樣學好社會工作專業？

如今你將有必要掌握全新的學習方法，一方面要求獨立思考、批判精神；另一方面，社會工作不是純學術科目，更是講求運用自身（Self）、理論與實踐相結合的專業。

李德仁
sstakyan@cityu.edu.hk

第23封信
怎樣學好社會工作專業？

培華：

很高興知道你能如願修讀社會工作課程，因為你向來都關心社會上有需要的人，對弱勢群體的處境有悲天憫人的情懷。樂於助人的性格，對你成功從事社會工作專業有決定性的影響。你為了好好裝備自己，提出一個很重要的問題：怎樣學好社會工作專業？很欣賞你認真好學、全力以赴的態度。你既然選擇以服務社群為終身的事業，加上你的意志堅決，只要你好好把握學習的方法，並持之以恆，相信你一定會成為一個傑出的專業社會工作者。

培華，你知道專業社工必須具備豐富的知識、靈活的技巧，以及符合社工價值觀的待人態度。社會不斷改變，問題也越來越複雜，社會越進步，對生活素質的要求越高，對專業服務的要求也自然提高，要在社工專業上建立一番事業也絕不容易。過去你曾遇上的學習困難，主要是生理、心理和環境方面。如今你將有必要掌握全新的學習方法，一方面因為大學跟中學不同，要求獨立思考、批判精神；另一方面，社會工作不是純學術科目，更是講求運用自身（self）、理論與實踐相結合的專業。評估學術科目的水平有好幾種方式，各有相稱的學習方法。考多項選擇題和短題目所需要的技巧是記

憶、分析、分配時間、個人努力；考長題目須加上宏觀及微觀分析、創意、組織，和批判地接受講師的觀點；協作計劃還須加上團隊工作技巧。但是社會工作的面談卻要求社交技巧、面談技巧；協助服務對象解決問題所需技巧更多，不可能在此全部列舉。但我想談談提升技巧運用能力的學習方法。學習技巧的過程大概經歷以下四個階段：

不知不能；

知而不能；

自覺能做；

爐火純青。

你可以通過閱讀書籍、看示範、聽講解、看光碟等方法直接獲得有關技巧的知識，從不知而知，知道要做甚麼（what）和做的步驟（how）。但這只是吸收知識（learning by absorbing）的方法，不能保證你可以在一個類似或全新的處境中運用該技巧，這就是知而不能。

要從第二階段提升至第三階段，要用兩種不同的方法。第一種方法是實踐中學習（learning by doing）。對於社工學生來說，在正式實習前的課堂上與同學們操練技巧、反覆練習、糾正錯誤，是必

要的方法。因為學生不能在未達到自覺能做的階段就隨便用該技巧於服務對象身上，因為這樣做不單違反社工專業守則，也有可能傷害服務對象。在導師的指導下與同學們操練，可以令自己完成第二階段。要經歷第三階段，首先要靠實習（practicum），因為社會工作服務對象都不一樣，面對的處境也不同。實習是在真實的處境中，嘗試與自己不太認識的服務對象一起解決問題，對社工學生來說，是最具挑戰性和最高難度的實際操作，因為學生要在具體處境中（如帶領小組、個案面談、動員社區），配合自己所掌握的理論知識（如分析小組的發展、處境、評估小組成效等），才可以更進一步了解服務對象及其身處的環境，對症下藥，適當地運用各種技巧。兩三次實習表現均良好，你大概已進入第三階段。

提升至第三階段的另外一種學習方法，就是通過人與人之間的溝通學習（learning by interacting with others），這種方法強調在與別人交流互動中學習，通過學生之間交流、或師生之間互相討論，因應不同處境調節有關技巧的選擇、運用、增減、配合、重複，達到能在類似或大致不同的處境下準確地運用該技巧的目的。這個過程既強調技巧作為一種

理論知識——包括「是甚麼？」的「陳述知識」（declarative knowledge—what）、「怎麼辦？」的「步驟知識」（procedural knowledge—how），也是「在甚麼條件和處境下要用這技巧？」的「條件知識」（conditional knowledge—when and why）——的學習，也因為人的處境多變，所以必須特別注重經驗的分析和分享。在這個階段，你必須開放自己，爭取機會分析和分享自己及別人的經驗（share experience），例如藉着與實習導師的定期討論、由同學組成的學習互助小組、或實習時的伙伴，彼此提出自己遇到的問題，或指出對方未察覺到的誤區和盲點。最重要的是坦誠地承認自己的不足，有勇氣地接受自己會犯錯誤和曾犯的錯誤，真誠地與同學切磋琢磨、互相取長補短，豐富彼此的經驗。討論的重點在於把整個經驗解剖——以服務對象的處境和需要為主導、分析自己的認知、理論知識、價值觀、信念、感情、情緒，以至性格怎樣影響自己實習時的言語和行為，以及對服務對象和問題的態度。如有錯漏、不足、偏頗、不明白、矛盾、不一致等情況，就需要更認真地審視自己，改善自己。

　　培華，現代社會對助人者有很高的期望，要求專業人士都是既「賢」（指品格），且「能」（指

能力）。要達到最高標準委實很困難，尤其是現代社會越來越複雜，個人越來越難掌握所有相關知識。因此我們需要團隊工作，更需要能夠率直指出自己不是之處、體諒自己、接納自己，以及見聞廣博的「益友」（友直、友諒、友多聞，益矣）。自己當然更要在品德上「日新又新」，每天「三省吾身，為人謀而不忠乎？與朋友交而不信乎？傳不習乎？」。唯有這樣做才可以稱得上「天行健，君子以自強不息」。

中國傳統儒家思想對求學的人有很高的期望。孔子認為每個人要自重，這是真正的人生學問，不在書本上，所以一個人自尊感、自信度偏低就不會重視自己，如果是這樣的話，這個人的學問是不穩固的；另一方面，做人也必定要尊重別人，認定每個人都有長處，能夠看到別人的長處，發現自己的缺點，而且不怕改過，這才是真學問。（南懷瑾，1990，頁33-34）（君子不重則不威，學則不固，無友不如己者，過則勿憚改——《論語》‧學而）。三個人走在一起，其中一定有可以做自己老師的。孔子這句話說明了學問不光在死的書本上下工夫，還要在社會上觀察，別人對的要學習，看到不對的自己要反省：不要這樣笨、不要這樣壞。（南懷瑾，

1990，頁293）（三人行，必有我師焉，擇其善者而從之，其不善者而改之──《論語》・述而）。如果不能坦誠地面對自己的不足，將難以成長。我想你大概知道改善性格特徵，令自己變得成熟、穩重、靈活、負責、關心、謙虛、好學、不恥下問、勇於改過等⋯⋯，除了需要「三心兩意」（決心、信心、專心、意願、意志力）之外，還須採用以上方法。

實習期間固然難以揮灑自如地運用技巧，在專業生涯的初期也難純熟。這不是故弄玄虛，我更無意打擊你對社工的熱誠，只因為人的處境變化萬千，個人經驗雖增多，但卻不會自動優化，學習也不會自動由一處境轉移到另一處境。要從第三階段慢慢地過渡到純熟運用的階段，還有賴深刻的反思、定期的督導、專業的支持與忠告。

培華，你大概可以看見專業成長過程的梗概：先由無窮的資料（例如實習的經驗）中抽取、經過細心反思從而提煉知識（特別指「條件知識」），最後運用經驗學習法（exporiential learning model）：實踐→反思→抽象概念形成及推廣→在新處境中試用學得的概念→再進一步實踐，把大量的知識，優化成為實務智慧。每個階段都需要採用不同的方法。我

認為定期督導、專業支持與忠告並不常有，但只要學好反思，便不愁沒有進步了。反思是甚麼？有甚麼好處？主要體現在以下幾點：

第一點，反思是深入了解和改善自己的方法。反思的內容可以包括了解生命完整的動態、探索生命存在的價值、了解自己的性格特質及生命的節奏與規律，從而培育出尊重生命、珍惜生命、經營生命的態度。這就是「自強不息」。

第二點，反思是學習從不同的角度看問題。社工學生在實踐過程中，大都希望所有的事情都按照已定的計劃進行。不過每當處境稍微變化，執行計劃出現困難時，就往往不知所措，甚至可能因挫折而出現焦慮情緒，認為產生問題是因為自己沒有能力，或者是由某個人或某件事引起的。其實，此時社工學生應該顧及其他人及整體利益，由多角度理解分析問題。例如在一個小組中，一位母親不停地說話，但原定時間計劃不容許個別組員講得太多，因此社工學生就顯得手足無措，不知道是否應打斷那位組員的說話。社工學生當時只考慮如何確保小組按照計劃進行，而不能從多角度考慮當下存在的各種問題，在逆境中尋求處理或解決問題的辦法。

反思是監控自己的思想、價值、感情、言語和行為。

第三點，反思幫助我們知道自己的錯誤。由於經驗尚淺，從事實務時會出現「眼高手低」的現象。自己以為採用了某理論，但實際上是講的一套（信奉理論 Espoused Theory），做的卻是另一套（使用理論 Theory-in-use）。反思可以令我們發現這種錯誤。

第四點，反思幫助我們不致重蹈覆轍，反而令我們更有效地掌握及處理困難。如果沒有每次探討及了解自己和問題處境的互動，就不可以在下次遇到類似難題時有經驗、有理據、有勇氣去做正確的事。由於實務（practice）的情況都是複雜和變化無常的，所以社工導師或上司要在事後與學生或經驗尚淺的社工討論，帶領他們從不同的角度考慮問題。導師更要在平日的教學中，讓學生透過反思，明白用不同的角度考慮問題，會有不同的解決方法。

最後，我必須提醒你，反思也有困難——除了在反思過程中遇到自己的想法與實際情況互相矛盾之外，還有就是情緒的困擾。當反思個人信念、價值觀、情感和態度時，各種信念、價值的爭持，可以令個人陷入情緒低潮，甚至出現抑鬱（depression）

情緒。處理情緒需要訓練。開放自己、接受自己，改變害怕進入個人抑鬱的狀態，以克服自己的軟弱。這個教育過程因人而異，導師必須藉實習的機會，針對學生的實際經驗，教導他們學習面對實習的挫折，甚至因家庭及感情等問題所引起的個人情緒，然後鼓勵學生勇敢、真誠、開放地探討自己，協助他們從反思中成長。

另一個反思時常遇到的困難，是社工學生往往把自己的經驗和他人分享，卻只停留在感受層面。要認真思考的該是：我怎樣看待實踐中遇到的處境？用這樣的角度看處境，是否真的最好？有沒有更好的角度和解決方法？這樣的反思才容易找出自己在處理事情時的優點、缺點，甚至盲點。導師也可以在探討問題的過程中，鼓勵學生放下成見，不計較成敗，從實踐中反思，使自身結合理論，用於實踐。

還有一點，反思必須要有相關理論知識來支持。也就是孔子所講的「學而不思則罔（茫然若失）、思而不學則殆（疑難重重、問題得不到解決）」。有效的社會工作就是適當地運用各種知識和理論，分析處境，並準確地作出行為反應（技

巧）。我們絕不能因考試完了，就把課本丟在一邊，完全忘了理論，光思考不再學。如果我們沒有足夠的理論知識，就不能重新分析問題，深入反思。如果我們不能運用相關的理論在處境中分析和解決問題，這就使理論與實踐產生了「鴻溝」。解決問題不能「頭痛醫頭，腳痛醫腳」，而是要充分地掌握具體現象的複雜性。當我們嘗試解釋服務對象的行為時，就需要敏銳地留意各種理論在這個處境下的合理解釋，以及不足的地方，才能提升社會工作服務的品質。

最後一點，反思時必須保持正面情緒：快樂（愉快、快慰、興奮、舒服）、愛（熱情、憐愛、慈悲）；積極面對負面情緒（憤怒、恐懼、悲傷、沮喪、挫折、羞愧、罪咎、厭惡等）、以及經常自我激勵（認識、控制、抒發情緒）。與同學共同進行反思時需了解他人情緒、保持融洽人際關係（與人合作、友善地給予支持、激勵、信心、合作解決問題）。

常常在學習和反思中保持精神活力、保持思維創造力、保持學習鬥志和毅力、有冒險犯難和勇於嘗試的學習精神、積極面對學習壓力及挫折、勇於

解決學習問題，是提升運用學習方法的能力、提高學習效率和應變能力的方法。

　　培華，我深信你會堅定不移地繼續努力，實踐你的理想，將來從事服務人群的工作，也深信你能夠好好把握學習方法，鍛鍊自己日後走上助人專業的道路。

　　共勉之！

李德仁

Dearest Cat,
隨緣自在，樂在其中！
Love,
Fanny
06

第24封信
當社工失落的時候，可以怎辦？

在表面上不能改變的限制中找出可擴展的小點，加上對服務對象、機構及資助來源的了解去引發改變的動力。

廖盧慧貞
scfanny@cityu.edu.hk

第24封信
當社工失落的時候，可以怎辦？

親愛的家路：

　　這數週為了推廣課程而忙過不停，今天收到你的來信，精神為之一振！繁忙的事務並不代表充實的生活，其中尤以連串的會議最消耗精力，但卻未必最有成效，相信這亦是近年來從事社會服務工作人員的寫照。

　　信中提及你的新機遇、新崗位，在感恩之餘，我相信這是你在失落中還能保持長進、積極的最佳回報吧！還記得去年在快將畢業時，你曾在「轉職」與「留職」間作出不少掙扎。

　　當時，你認為在宿舍已工作了五年，沒有太大的發展空間，如果在畢業後選擇留下，安定的收入便是唯一的誘因。對於一個要負擔幼兒生活開支及照顧他成長的母親來說，穩定的生活條件便是你要考慮的因素。但另一方面，你在學習中開拓了新視野，令你渴求改變當時的工作空間及服務模式，轉職又似乎是必然的選擇。

　　你可還記得我雖然體會你的矛盾，但對於「轉」與「留」卻有不同的看法。

　　我認為你應利用建基多年對宿舍的認識，加

第24封信　當社工失落的時候，可以怎辦？——廖盧慧貞

上舍友對你的信賴及已達至互相支持的團隊，積極地改善宿舍的運作，為舍友謀求更有質素的服務。但你感到我對你期望過高，給你壓力亦過大。你對於只着重行政卻放棄服務水平的上司更感失望，所以，你覺得「不可為」。

在「可為」與「不可為」間，我選取與你對立的觀點，亦主動與你一起探討在你當時的崗位上較可轉變的部份。我相信改變不一定由上而下或由下而上，前線同工的強項是明瞭舍友活生生的需要，只要能從小處着手，宿舍將會不斷改進。

當時我亦向你介紹了 Peter Senge 學習組織（learning organization）中關於組織改變（organizational change）與個人改變（individual change）相輔相成的關係。在面對未可知的轉變中，人與組織均學習並作出改變，這才可以應變或更理想地達致更佳的果效。而學習組織的精華是思想上的轉移（a shift of mind），令組織的成員可創造實質的改變[1]。終生學習（life-long learning）可提供養料使我們不會失調，但我們亦要涉獵不同的專業（disciplines），以收兼容並蓄之效，再將所學配合機構或組織的發展，才能發揮個人及組織的能量。

我很欣賞你當時在存疑的態度下，決定從實踐中去印證這些理念。家路，相信在此刻不用我多言，你已能在強調行政問責文化、無保障短期合約、同事間惡性競爭的「混亂」、「動盪」及「無助」的情況中找到自處的答案——積極預備，在表面上不能改變的限制中找出可擴展的小點，加上對服務對象、機構及資助來源的了解去引發改變的動力。

　　家路，你的努力已得到回饋，但有不少你的老同學卻還在徬徨困惑中。你的實習同伴敏敏在上月便差一點離職了。她覺得上司只重行政而不重視服務質素，限制了工作自主及創造力，在過去半年，她只是不斷地重複推行某幾項小組或活動，同時覺得中心同事，雖然對服務意義及成效存疑，卻只會默默承受，不表達意見。敏敏嘗試在會議中提意見，但卻被視為「搞事」的壞分子。我不認同她離職的選擇，因為對一個新加入的組織者來說，半年時間未必足以了解組織，把太多舊機構的運作及文化強加於新的組織亦未必可行。

　　在反覆分析及討論後，敏敏開始接受，除了以上種種問題外，她急於求成的性格也是製造困局

的主因之一,我認為她對外有要求時,亦要改變自己的一貫想法。例如:雖然行政主導的上司會在工作上諸多限制,但這也同時提供了一個安全網令醉心於工作的敏敏得到保障。敏敏亦需認同她的服務對象不單只是學生,還包括家長及校方。要成功推行對學生有利的項目,亦必須照顧校方及家長的期望,所以她要養成內外透視的思維(looking in and looking out),在看重專業之餘亦要兼顧不同持分者(stakeholders)的需要。希望敏敏在重建了這些想法後,在工作過程中能滲入改變的種子。

上星期與Angel一起午膳,她剛轉職到一所家庭服務中心,中心內充斥着「少做少錯」的文化,故此,在短短一個月內,她已成為中心最受歡迎的社工,但這亦招來同事的冷言冷語。面對冷漠及負面文化,Angel總結她有三項優勢:(一)上司是期望Angel能提供更多的服務,令單位可在來年申請資助;(二)服務對象渴望中心能提供活動;及(三)Angel具有拼搏精神。於是,她採取自重的策略,在餘下的10個月合約期內,爭取自我提升的機會,多參與工作坊、短期課程,努力提升服務質素及自我增值。

在一番努力下，同事亦察覺Angel樂意承擔一些義務的工作，例如在外遊、宿營及嘉年華等活動中負責繁瑣的工作，同事亦樂於不聞不問。我相信在一年合約期滿後，Angel應可為服務對象、機構及自己建就了共贏的果效（win-win situation），我更欣賞Angel在努力工作及進修之餘，還能關注身心平衡，抽時間運動及與朋友家人共敍，這一切一切都有助面對工作上的挑戰。

　　相對而言，你的學姐詩詩所走的路便沒有那麼平坦。她從事老人服務五年，卻感到越來越失落，現在一人身兼三職：老人宿舍的社工、活動程序員及文書工作員。她經常超時工作，人亦變得麻木了。每次與她相敍，她大發牢騷之餘，認為工作仍可以帶給她少許滿足感。但終有一天，她心中的那團火會熄滅！那如何是好呢？

　　家路，你或可舉達達的例子來反駁我。達達在畢業時選擇運用一己專長，再加上社工的訓練來開展自己的事業。一年間，他已是數名職員的僱主了。但達達的成績是基於他多年的工作經驗、已有的專業技能、有效的人際網絡及不斷的大膽創新，才能跨越不同的領域，創立自己的天地。你的學兄

第24封信　當社工失落的時候，可以怎辦？——廖盧慧貞

Timmy，在社會服務及商業市場間遊走了數年，現在才開始有點成績。而我更相信就讀社工的同學，對社會工作還有憧憬，不會輕言放棄。所以，感到失落不等同放棄，反之，以此為動力，化成行動，像Angel及敏敏一般，迎向挑戰！

在你就讀的那一屆中，你們這一組最為團結，我欣賞你們互相扶持之餘，曾批評你們只重情誼而不重建設性的改進。我認為友誼是可貴，但在這互信基礎上，多作事業上的討論、工作上的提點，將友誼再發展到成為批判社區（critical community），不是更有意思嗎？

就如詩詩及敏敏現在的情況，你們的支持及鼓勵固然可以溫暖她們的心田，但構思建議、衝擊思維及資源分享，就更能堅定她們的信心、維繫動力及豐富服務的內涵。當然，如能推動她們衝破當下的困局則更理想了！

要迎接市場化的衝擊，如能將現有網絡擴展至其他專業，則無論在資源發掘及市場需要均可注入新元素。社工的訓練令你們善於建立網絡（networking），如能運用雪球效應，則更有助長遠發展。你們會嘗試嗎？

「千里之行，始於足下」，希望你能將信念、堅持及經驗與你的朋友、同工及後輩分享，主動建立建設性的網絡社區，為提升自己、提高服務質素、推動專業及為機構進步而努力，你願意嗎？

每一次收到你的片言隻字都能引發自省，願互勉！

Fanny

P.S. 有關 Peter Senge 學習組織（Learning organization）的學說，可參考 Society for Organizational Learning 的網頁：www.solonline.org/aboutsol/who/Senge/

第25封信
社工畢業生的挑戰與裝備

> 要達到理想，遇到阻力是自然的、正常的，正正就是由於有這些阻力，才需要我們投身去衝破。

甘炳光
sspkk@cityu.edu.hk

第25封信
社工畢業生的挑戰與裝備

親愛的敏儀：

　　首先在此恭賀你學有所成，順利畢業，結束了這三年的艱苦課程。我時常對同學說：「真佩服你們的韌力、毅力及體力，要完成這三年的課程並不簡單。這三年確實給你們不少挑戰，尤其是在社工知識理論及技巧的裝備上，我很有信心大家在新的工作崗位上一定可以應付自如。」

　　還記得你在畢業聚餐當晚，曾經問了我一個問題：「畢業後投身社工行列，同學們會遇到甚麼挑戰，最重要的裝備又是甚麼呢？」你很想我給你一些忠告。當時我告訴你，忠告就不大需要了，因為你們已學有所成。但是，你還是想我給你一些意見。我便借此機會，整理及借用我在不同屆別同學的畢業同學錄中曾經寫給同學們的贈言，寫成這封信，以嘗試解答你的問題，與你深入分享我的看法。

　　敏儀，社工是一門具挑戰性的工作，你們畢業後加入社工行列，需要對各種大大小小的挑戰作好準備。我認為以下的挑戰是值得你及其他同學去深思及留意的：

委身的挑戰——社工是一門需要委身的專業。經驗告訴我們，社工的工作性質是需要我們全心的投入，把時間及精力貢獻給服務對象。同學們要檢視自己投身社工是抱怎樣的態度。若同學只持「試一試」、「玩玩吓」的心態，工作肯定不會持久。一個能從工作中獲得滿足及成就感的社工，要全情投入並擁有一顆服務人的心。

　　我身為社工，亦是基督徒，當我反思以上的問題時，我會想起主耶穌以身作則，醫治身體病患者，安慰心靈悲痛者和輔助被人忽略蔑視的人。主耶穌所作的，都是持有一顆捨己服侍人的心。這正是社工所要學習，所要持守的信念。若社工只顧及本身的利益及發展、只顧自己的成就，老是想著只幹一些高層次或轟轟烈烈的工作，而忽略對有需要的服務對象委身，我相信我們的信念一定不能持久，工作的動力會隨時間而減退。一顆服務有需要人的心，與低下階層居民共同進退的心意，是社工們要不斷堅守，不斷努力學習的。

　　另外，作為一個專業社工，必須裝備好知識理論及技巧，但最重要的是確定自己投身社工的使命。一個忽視使命感的社工只會視其工作為一項職

業，其委身及投入程度會大打折扣。當社工並不容易，很多時候會遇到挫折，成果並非短時間看到。假如我們不能抓緊進入這個專業的使命，便很容易會受挫敗、迷失方向、失去原有的動力，最終會選擇離開這專業。

以我多年的經驗，抓緊社工理想或使命是推動我們工作的動力，是化解挫折及困難的舒緩劑。很多時候同學投身社工都會有一個使命，就是去助人，但我認為這使命太空泛，未能具體確定自己的委身方向。畢業同學們在選擇工作前應先自我反思，在香港，社工應扮演甚麼社會角色，清楚自己在這時代應有的使命，為自己定位。例如：從事青年工作的時代使命可能是抓緊培養青年人的民主意識及獨立思考；從事康復服務的要令到傷殘人士過常規化的生活、鼓勵他們參與及獲取應有的權益（empowerment）；負責社區發展工作的要確定在政治形勢下，協助低下層市民加強參與的能力及途徑，捍衛基層的利益，重建社區的互助及歸屬感；為老人服務的時代使命，可能是協助老人及社會面對人口老化的問題，提高老人積極、正面的形象，以及社會地位等等。

第25封信 社工畢業生的挑戰與裝備——甘炳光

當我們考慮工作時，很容易會被一些工作方法及是否容易取得成功所吸引，例如：同學會選擇做青年工作，是由於喜歡用小組的方法，多於講出對年青人有何承擔及使命；有同學會選取比較多大型事件發生的社區發展計劃，多於一些較靜態的計劃，主要原因是比較容易在事件中表現自己。以上的想法都忽略了我們所服務對象的需要及社會對我們的呼召。

在此希望同學們多以時代的呼召以及服務對象的需要，去確定我們應有的理想及使命。希望大家在投身社工行列之前多想一想，為自己「定位」。無論從事社工或其他行業，都想想自己想為社會做些甚麼，自己有哪些社會的角色。

信心的挑戰——剛畢業的同學通常都會懷疑自己是否有足夠信心及能力去應付工作崗位所需的要求。不少同學會質疑短短三年的訓練，是否能應付錯綜複雜的社會問題。新入行的社工面對較困難的工作時，信心會容易動搖，還會質疑自己是否適合從事這份工作。同學們要知道信心的多寡視乎同學們入行後能否開放自己，繼續抱有學習的態度。訓練年期無論有多長，都不能完全裝備好一個社工畢

業生，去承擔要求日高的工作。信心的建立是同學們在工作過程中不斷去反省學習、尋求新知識，及抓緊更多機會與同工分享工作技巧等。

同學們要給予自己多一點信心，不要低估自己的能力及潛能。其實三年的學習肯定已為大家奠定良好的基礎，你們已有不少的成長與突破。現今的「社工路」不容易走，需要更多有信心、有理想的社工畢業生去走，去開創。緊記："If I think I can, then I can."

另外，若大家想自己有更好的發展和有更大的突破，最重要的是大家是否願意去更生（transform）自己。在三年與同學們的相處中，發覺有很多同學在學習上有能力可以做得更好，但少了一份毅力及勇氣去跨越自己。敏儀，希望你能努力學習，不斷衝破自己的限制，不斷去更新自己。

挫折的挑戰──很多人都說社工有很多限制，會面對很多困難，很容易碰得焦頭爛額，因此工作所得的感受是挫折多於喜樂。因為在現實生活裏，我們的使命往往與實際情況相矛盾。但這是正常的，我們的理想就是去抗衡社會上與我們使命相違背的現象，包括不公義、自私冷漠、缺乏參與、權

利不受保障等情況。因此，我們要抱有一個看法，就是要達到我們的理想，遇到阻力是自然的、正常的，正正就是由於有這些阻力，才需要我們投身去衝破。

要成為一個有持久力及有韌力的社工，需要擁有以下的特質：

第一，我們要相信問題或困難一定存在；我們要不斷地克服困難、衝破障礙。社工不是一個容易的專業，正正是不容易才更加反映我們工作的重要性。我們要懂得如何面對困難，如何裝備自己去迎接挑戰。

第二，我們要嘗試將一些限制化為動力，視挫折為學習的機會。很多時候，限制正是我們工作的理由；例如，青年人社會意識低，正正是推動我們向青年人灌輸公民教育的動力。限制雖然存在，只要我們不迴避，假以時日，問題自會解決。

第三，我們要從正面的態度面對挫折。一次挫折，並不表示永遠失敗，相反，卻帶給我們寶貴的學習和反省的機會。

第四，我們相信人可以改變，問題也會有突破

的機會，但我們不要強求即時改變的效果，我們要明白改變不能一蹴即厥，要日積月累，效果是一點一滴的加上去的。我們怎可能冀求一個嚴重罪犯在你數次輔導之下，便可以完全改變過來呢？我們也不應期望一個內地新來港人士，在社區工作者數月的培養之下，瞬即變成一個社區領袖。我要強調的是社工應就不同服務對象的情況，有計劃及有步驟地給予他們一點一滴的改變。

最後，現時的社工崗位正面對大大小小的限制，例如一筆過撥款、社會福利經費的削減、服務標準化、人手緊拙、行政人員着重新管理主義等等，都給予我們工作上不少壓力。大家要多多學習及緊記，不要太容易接受限制，不要太快屈服於限制之下，要學習在限制之中找到縫隙，在限制之下亦能繼續堅持社工的理想。

專業的挑戰──社工的專業註冊制度已成立多年，社工在社會上的專業地位亦被提高。但你們要留意，專業地位不等同工作條件優勝，在社會上高人一等，我們不應只顧專業本身的利益，而忽略受助者的福祉。要令到社工專業受到社會人士的重視，最重要的是需要一群負責、有理想、持守專業

守則,以保障及提升受助者所得的服務質素為大前提的社工,來推動專業的發展。面對社會的急速轉變,社工專業能否得到應有的重視,發揮影響力,實有賴你們這群生力軍對社工專業的認同及推動。

敏儀,總的而言,同學們宜在以下各方面好好裝備自己:

(一)抓緊自己作為社工的理想、持守服務他人的心志。

(二)認清自己在這時代的使命與承擔,作為一個年青社工,在面對香港的重大轉變,我們應站在甚麼崗位。

(三)聯繫一群志同道合的伙伴,定期交流、分享、支持及鞭策。

(四)養成定期運動的興趣及習慣,以培養健康的身體。

(五)學習宣洩情緒及消除壓力的正面方法,以擁有開朗的心境及正面的人生觀。

(六)獲得家人及重要人物(男朋友、女朋友)的支持及體諒。

在此，願見你和各同學投身社工行列的時候是充滿活力、勇於面對挑戰和兼負時代使命的。廿一世紀社工的發展，全賴你們去開創！

最後，以兩句我常喜歡用的說話（來自香港中文大學新亞書院的校歌的兩句歌詞）與你及各位畢業同學共勉之：

「艱險我奮進，困乏我多情！」

祝
　　前程錦繡，生活美滿！

甘sir

第26封信
人生有希望──永不言棄

> 我們社工確信每一個人都會改變,都肯改變……不獨案主有盼望,社工亦要有希望。

關銳煊

第26封信
人生有希望——永不言棄

紫晴：

你日常的起居飲食生活中，有否停下來，留心察看一下你周圍的人？我們活在一個由人組織而成的社會，假若我們能耐心地觀察一下，便不難發覺周遭的人往往帶給我們不少人生的啟示及指引。而在人的一生中我們更必然會經歷起與落，喜與悲，成功與失敗。但我們絕不能因此而沮喪，心灰，畏縮和挫敗。

對專業社會工作者而言，我深信每一個人都具備再起，奮鬥，重新自強的潛力，人是可以改變亦有能力去適應轉變。況且只要我們心內仍有盼望，便有成功的一天。讓我與你分享下列的幾則真實案例，一同體會世事無絕對，成事總在人，人生有希望，永不輕言棄！

自殺的老病人——在公立醫院的深切治療部病房中，有一位患重病的長者，全身都有不同的維生儀器連接着，但由於痛楚難當，長者在深夜時獨自把所有喉管拔掉，維生儀器即時響起，此起彼落，醫護人員即時快速搶救長者，經一番擾攘後，長者情況才穩定下來，所有喉管重新接駁。這位老病人在一晚內連續數次拔喉的行動，幸運地都得到

妥善照顧而存活下來。當他病情好轉而轉送其他病房時，老人感謝醫護人員救活了他，坦言會重新振作，珍惜餘生。

不絕的家人支援——一位高齡長者第二度中風入院，在搶救後情況終於穩定下來，但因腦中瘀血未清，故此神智不清停留在昏迷狀態。其妻子、女兒及姨子仍然不離不棄，每天24小時輪班在病房內陪伴左右，並不時與病者說話、推拿、按摩手腳，全身清潔等。每日傍晚更帶同一位中醫為伯伯針灸治療。雖然主診醫生明言病者復原機會甚微，然而家人們仍抱希望而不放棄。終於在一週後的一個晚上，伯伯突然開口自言自語，漸漸可以認出身邊的親人，其後轉送復康醫院繼續診治。

人助自助的老婦——在一間護理安老院中，大部分入住的長者都需要別人照顧起居而缺乏自理能力。有一位婆婆因中風而全身麻痺，只有右手手腕能有限度活動。然而，這位婆婆絕不完全依賴院舍職員餵她進食，反而積極自助。每次進食時，職員先把她安置於進食椅上，地上鋪上報紙，為婆婆穿上膠披肩，然後在枱面用大膠碗盛載絞碎的食物，讓她用右手持匙從碗中挑起食物彈進口中。當然命

中率不高弄致遍地都是食物，但工作人員只從旁協助，直至長者體力不繼而要求餵食為止。可憐職員事後仍要清理現場呢！

　　吸煙的老頑固——一位患有嚴重哮喘及肺氣腫的伯伯，因為煙不離手，嗜煙如命，所以晚年受病魔折磨，更是病房常客，每隔一個月左右便要在病房休養診治數天。雖然他在病床上插上純氧鼻喉，但咳聲持續不斷，聞者也感害怕，擔心他的肺部會支撐不了。他在吐痰時又只以紙巾包裹，隨手丟棄床旁，缺乏衛生。附近病人夜不成眠，被他煩擾不休。有次伯伯更準備抽煙，幸被同房病人制止並通知護士干涉，阻止了一次純氧爆炸事件。在其他病人的不停勸解、開導、指責及分享苦痛情況下。頑固的老伯伯終肯接受眾人建議，報名參加戒煙支援小組。

　　視大眾為敵人的老者——有一位長者呼吸有困難，不時要定期在病床上用儀器吸索藥物。但伯伯卻整天投訴，埋怨巡房醫生不理會他，護士們針對他，更投訴給他的蒸氣吸劑是剩餘物資，要求更換。雖然同房病人都聞到濃烈藥味，伯伯卻仍堅持聞不到。妻女到訪，伯伯只會惡言相對，隨意呼喝，弄致氣氛尷尬，老伴雖在旁但惶然無所適從，

不敢介入。直到有一天，對面病床的伯伯病情急轉直下，搶救無效死亡。伯伯目睹去世者親人呼天搶地，頓覺人生無常，妻女再到訪時伯伯態度驟變，嚴肅認真地相互交談，前後判若兩人。誰說人老不能變呢！

以上的真實案例屬於我的所見所聞，但自己也曾經歷生死。在學系內云云同事（49人）中，我的身體健康水平名列前五名，一直引以為榮，從未嘗過大病或手術。2003年3月1日（星期六），我仍如常在早上八時許返抵辦公室工作。但當天已感到排尿有困難，卻仍不以為然。及至中午，情況愈加嚴重，我便返家休息，並致電友人李醫生在傍晚到九龍法國醫院為我檢查。當晚在病房內插了尿喉，膀胱便壓力全消。於是相約李醫生翌日再來診斷。李醫生也因要趕赴沙田出席查經團契而離開。誰料一個小時後，我全身痙攣，發冷，嘔吐，接着不醒人事。

據太太事後覆述，事發時醫院立即急召李醫生返院，而另一友人關醫生聞訊亦到場相助。筆者當時已瀕臨死亡邊緣，血壓下降至70度，發高熱達攝氏40度，手腳抽筋，眼睛翻白，上吐下瀉，昏迷不醒。因沒時間找儀器，李醫生冒險在我右頸側以手

感應插針入大靜脈,輸入約 1.5 公升的強心劑以保護心臟功能,然而我的情況仍然十分危急,並即時安排轉送我至伊利莎白醫院之深切治療部(ICU)急救。在深切治療部搶救至零晨四時多,我的情況才穩定下來。在ICU中度過最痛苦的六天,醫生們斷症後,確定是細菌入血,便用三種抗生素同時施用達兩週。因我對藥物有反應而退熱。後來轉至普通病房繼續治療兩週,最後到4月初才能重返工作崗位。

在整個急救及治療過程中,我所經歷的苦楚是刻骨銘心的。然而基於我的宗教信念,內心從未想過死亡的問題。亦有賴親友,同事,福利社團的慰問,醫護們的專業照顧,我才有復元的一天。現今雖然仍有後遺症(例如骨痛,對空氣污濁極度敏感等),但我更不遺餘力去過每一天,造福社群。因為我相信希望在明天啊!

紫晴,既然你有志於社會工作專業,要知道社會工作是一門對人的專業,我們要奉行一套專業守則,更要尊重每一位前來求助的案主。從上述六個案例中,我們可以確定不論一個人的行為如何根深悠長,最終都會改變,一切是時間問題而已。故此我們絕不能輕言放棄案主,務必要與案主攜手面對及解決一些老問題、觀念或行為。

第26封信　人生有希望——永不言棄　關銳煊

　　當案主受重重困擾、煩惱及不快情緒衝擊，自然會心灰意冷，感到求助無門，專業社工正好給予案主們一線曙光，讓求助者知道世上有人了解及體諒其處境，有人願意聆聽其心底話，就算遭遇令到親者痛、仇者快，但社工仍然陪伴身旁，不會放棄案主。這種專業精神就是盼望的開始。

　　不獨案主有盼望，社工亦要有希望，總有一天，我們所播的種子是會開花結果的。假如社工自己都缺乏了希望，又如何得以襄助案主，解決問題呢？

　　互勉之！

關銳煊

第27封信
助人適應還是改變環境？

社工在助人適應的同時，也要着力去改變環境，將環境的限制打破；改善社會制度，影響社會政策，令服務對象身邊的環境去回應服務對象的特別需要。

甘炳光
sspkk@cityu.edu.hk

第27封信
助人適應還是改變環境？

小寧：

你好嗎？回港後一直記掛你們，腦海裏不時浮現我和系內同學到你校交流的難忘片段。在此，再次多謝你對我們交流團同學的熱情接待及悉心照顧，使每一位同學都得到豐盛的學習經驗。我更加要感謝你，在一個星期的交流團活動中，每天大清早已來到賓館等候我們，整天一路相伴，直至很晚才與我們道別，回宿舍休息。每晚見到你離開時都有依依不捨之情，你的投入及熱誠令我感動！

這次內地交流團令我最感難忘的是有幾天晚上和你學校的社工同學促膝長談，縱論人生、家國之情與社工的使命及理想。還記得有一天晚上，我們圍圈坐在你們宿舍旁的球場，在明亮的月色及點點繁星下，一起分享學習社工的感覺及經驗，那真摯而坦誠的交談，令我回味無窮。看見這情景，也讓我重新感受到年輕人火熱的心互相燃燒着，大家建立的情誼令人難以忘懷。那個晚上，你們提出了不少問題，但令我最深刻的，是你提出有關社工如何有效去幫助服務對象解困。我回港後，你也寄了一封信給我，重提你對這個問題的反思。我希望藉此信與你深入交流對這課題的看法。

第27封信　助人適應還是改變環境？——甘炳光

你曾經指出，你明白社工主要功能是去幫助有需要的人，為他們解困，並協助他們重新適應生活；但是，你察覺社會上出現問題的人愈來愈多，而社工的力量有限，如何能夠幫助這麼多有困難的人士呢？而你又發覺要幫助一個人適應並不是一件容易的事。在你的實習經驗中，你看到要幫助一個吸毒者解除毒癮不太難，但要幫助他/她適應新生活則十分困難，要幫助一個殘疾人士學習適應去過正常的社區生活更為困難。你亦留意到不少長者在退休後，出現很多適應問題，而中國人口愈來愈老化，我們如何能夠幫助這麼多長者去適應晚年生活呢？況且，中國地大人多，以現時內地社工專業的發展，社工可以做到的工作極為有限。

另外，當你愈了解社工的工作，你愈發覺社工只可以助人解決很微小的問題，很多個人問題都並非一朝一夕能夠解決，而你們內地社工學生所能吸收或學習到的知識委實有限，因此，你會問：「社工的助人功能是不是很有限？社工所能夠發揮的力量是不是受到很大的限制？」

小寧，你提出的問題很有意思，亦反映你十分重視社工的助人功能及對內地的社工發展有熱切之

情。你說得對，社工的功能不是無限的，我們不要「神化」社工的力量，以為社工可以幫助所有人解困。但是，我們也不應妄自菲薄，以為社工達不到助人的成效。問題是我們如何看社工助人的目標，以及運用哪些方法去開展助人的工作。

小寧，我覺得你的疑問其實是來自你太強調社工的角色是幫助每一個個人去解決問題和適應環境。我們要明白，若社工只將自己的工作局限於幫助個人；則這個人問題解決後，還有另外一個、兩個或三個有相同問題的人需要幫助，我們只會疲於奔命。但若我們採用較宏觀的角度去分析問題，我們會發現很多個人碰到的問題並不在於個人本身，而是與社區周圍的環境、社會制度及整個社會有密切的關係。那麼，我們就不應只將社工的功能偏重於幫助或改變個人，反而應該去改變環境。

例如：在你居住的一個社區內，有不少健康欠佳的獨居長者感到很孤獨，需要其他人去開解他們及陪伴他們往鄰區的醫療中心檢查身體。假如我們去幫助每一個長者，社工則要不停探訪，並發動不少義工去接觸他們，陪伴他們去做身體檢查，可以幫到的長者數目一定有限。但若我們將這問題看成不是長者的個別問題，而是這個社區的位置偏

第27封信 助人適應還是改變環境？——甘炳光

遠、缺乏適合長者的社區及醫療設施等問題，社工就不應該只做個人工作，而是要去改善社區設施及服務。我們應該與民政局、街道辦事處或居委會商討，探討可否在社區設立一個長者服務中心及醫療中心。假如成功設立這些中心，那麼不少長者可以來參加活動，並得到醫療照顧，這樣，就可以幫助更多的長者。

另外，社工也可以改變區內的照顧氣氛，鼓勵居民多關顧區內長者，推行社區照顧計劃，動員鄰舍及居委會成員參加成為長者的支援網絡，這樣，長者所得到的服務及照顧，較只有社工去提供個人幫助會更充足，更多元化。

除了不要只關注個人的問題外，社工也不應將自己的工作太局限於助人適應。當然，幫助有需要的服務對象去重新適應生活是需要的，但是，我們不能只協助服務對象去適應，而忽略了改變社會、社區設施及社會政策，去回應或適應服務對象的特別需要。

只談助人適應會將問題個人化，將解決問題的責任推卸在個人身上，很容易犯了「責難受害者」（Blaming the victims）（Ryan, 1971）的錯誤。其實，

解決問題的方法不應純粹停留在個人改變，作出適應，而是要改善周圍的環境，改變不合理的制度及政策；政府和社區均有責任提供資源，協助處理和解決問題。因此，我們應該採取「責難制度」（Blaming the system）的角度去幫助服務對象解決問題。

讓我舉長者服務為例；現時的長者服務多強調他們在老化過程中的適應，傾向將老人問題視為老人生理上退化的問題，着意加強老人的適應能力，調整其角色去回應老化所帶來的個人轉變。這反映出現時的服務多以個人化的角度去看長者的問題，視問題的產生主要是由於老人生理上的衰退及老化的特徵，而較少檢視社會環境及社會制度對老人所造成的限制，例如整個社會存在對老人的歧視、勞動市場如何排斥年長勞工、社會政策太過強調家庭照顧而忽略了社區及政府提供服務的責任等等問題。所以，小寧，你說得對，若社工只強調助人適應，一定會遇到很大的困難，也較難去達到我們助人的成效。

你曾經提及幫助殘疾人士的適應問題也值得我們反思。過往，我們會對殘疾（disability）一詞定義為是個人的不幸（personal tragedy）；我們會採用「個人或病態的模式」（individual or medical model of disability）

第27封信 助人適應還是改變環境？——甘炳光

去看殘疾問題，視殘疾為個人身體上的缺損，而殘疾人士需要得到專業人士的幫助，以適應自己殘疾情況。假如我們採用這個角度去幫助殘疾人士，只會幫助他們學習適應，例如幫助視障人士熟悉道路情況，幫助跛子學習上落樓梯的技巧，幫助刑釋人士重投社會，改變自己去尋找新生活等等。正如你所說的，幫助他們得到有效的適應並不容易，因為他們所處的環境全無改變，雖然他們努力學習適應，但還會繼續面對不少阻礙他們過正常生活的限制。

你可知道，新發展的社工理論已將殘疾一詞修定為不應該是個人缺損的問題，而是整個社會及環境的問題。我們需要採用「社會模式」去看殘疾問題（Social model of disability）（Oliver, 1996）。一個人有身體缺損其實並不是他們的個人問題，而應被視為社會的問題。我們不應強調個人去適應，反而要令到社會、社區及身邊環境作出適當的轉變，為殘疾人士提供適合的設施，幫助他們解決能力上的缺損。

例如：若所有大廈、商場、學校及社區設施都有斜坡及升降機，那麼坐輪椅的殘障人士就可出入自如，不需要作出那麼大的適應。若所有道路及室內通道都設有為視障人士而設的行人輔助設施，那麼視障人士所面對的行動不便問題便大大減少。又

假如公眾得到更多的社區教育,去減低刑釋人士或戒毒者的歧視,那麼他們尋找工作或重新投入社區生活便不會那麼困難。

所以,我們要明白,所謂殘疾並非由個人造成,而是由於社會環境沒有作出相應的改變而造成的。整個社區的設施倘若不是只依照大部份「健全人士」而規劃,能夠顧及少部份的「殘疾人士」的特別需要,邁向建立一個「為所有人而設的社會」(a society for all)及達到「無障礙城市」(a barriers-free city)的目標,社工助人的成效便較明顯,不會只發揮補救式的助人適應功能。

說到這裏,希望你能察覺到,社工在助人適應的同時,也要着力去改變環境,將環境的限制打破;改善社會制度,影響社會政策,我們才能有效地幫助更多有需要的人士。

我還記得在那天晚上與你們談天的時候,有不少同學,包括你在內,也分享了一個相同的意見,就是你們覺得雖然吸收了一些社工的知識和技巧,但在調節運用這些知識和技巧去適應內地社會福利服務的特別情況卻感到困難。這個問題其實與剛才提到的問題是一致的。不錯,我們要因應每個國家

或地方的國情去調節社工理論及方法的運用；但假如我們只專注去作出調節或適應，則社工的成效會有所限制。

你和你的同窗有否想過研究或尋找空間去令現時內地的環境有所改變，讓社工實踐時有更大的發揮呢？例如，社工的專業認可正在起步階段，你和你的老師們若能多提議具體方法向公眾及政府部門宣揚社工的專業性，讓他們多認識社工的本質及專業地位建立的重要，社工的專業發展便能夠在內地得到鞏固，你們所學的社工知識亦會有更大的發揮空間。

我知道現時在內地還未能有系統及全面地去設立專職的社會工作者職位，社工的專職崗位一天未能確立及肯定，社工學生的出路肯定會有很大的限制。因此，我會建議內地的社工專業組織、社工學系及社工學生組織，努力尋求方法去改變這現狀，多提建議給有關部門去設立一些試點，逐步確立由受過訓練的專職社工去提供社會福利服務的重要性。

小寧，我希望你閱畢這封信後，明白社工不應只助人去適應，也不應只將改變的責任放在個人

身上，反而需要幫助服務對象去改變環境，影響政策，改善不合理的制度。而社工自己也要衝破環境及制度給予他們的限制。當然，改變環境並不是一件容易的事，也不是一朝一夕所能達到，但只要我們以服務對象的福祉為依歸，運用較宏觀的介入手法，社工的助人功能便可以全面發揮。

現時，內地的社工訓練及專業地位的認可正在急速發展，你們這一代的社工學生對促進內地的社工專業發展是很重要的，假如你們能夠培養求變精神，運用所學所長，你們影響環境改變的力量是不少的。若有機會，很想多回內地與你們交流這方面的看法，也讓我有機會為祖國的社工專業發展貢獻一分力量。

期望日後再有機會與你們見面，也歡迎你們有空來信，多分享你們的學習情況，也請代我問候你的同學及各老師。

　　祝
　　學習生活充實愉快！

甘老師

第28封信
學習的真諦——與現實接軌

單從書本上閱讀跟親眼看到,親身接觸到的有天淵之別……

倪凌錦霞
scngai@cityu.edu.hk

第28封信
學習的真諦——與現實接軌

健強同學：

很高興與你在香港見面，與你及你的同學參觀香港其中一所復康中心，參觀前，見大家興致勃勃，十分期待的樣子，我心底亦很高興國家開始注意社工專業的培訓，並特地挑選了全國的優秀社工學生，安排來港學習。

在參觀的過程中，我看到你的反應大多充滿疑惑，及後你提出的問題，亦正正反映大家對社工專業的認真態度。

你們目睹復康中心內的服務使用者，有部份是嚴重弱能及智障的，有部份有自傷行為甚至有傷人行為，你們問道：「社工真是會跟這些嚴重弱能人士工作嗎？」「為甚麼需要社工到這些工作崗位上？」

你們參觀時的表現（有時滿面疑惑，有時帶點驚怕，有時充滿關愛）及之後的疑問，亦使我對社工教育作出了更多的反思。

首先，這次香港之旅，我想你肯定大開眼界，我這樣說，絕對不是誇大香港在社工專業方面的發展，我這裏的重點是，你從課堂上的學習，走到現實的工作環境去，應該是獲益良多。尤其與你參觀

上述的復康中心時,當中便可帶出幾項有關社工專業的核心價值,讓大家去深思。

　　首先,就是有關人的價值問題,社工是相信每人均有其獨特的價值,不論貧富、不論男女長幼、身份地位,又或其所有先天或後天的質素,每一個人都有其個人的價值,故此,無論他/她是如何病重、如何嚴重弱能,我們都會尊重他們作為人的價值,亦應同樣地享有所有人應有的權利。這些抽象的理論,在課堂上聽起來好像很簡單,很容易,可是當同學面對上述的嚴重弱能或智障的服務使用者,便明白到這一項社工核心價值在應用層面上並不容易。

　　其次,就是有關接受我們的服務使用者,但卻不接受他/她的行為的問題。正如上面提到,復康中心有些服務使用者有自傷或傷人的行為,他們有時會攻擊工作人員(當然這些並不是經常發生的事,而每次個別事件都有其不同的原由),可是,作為社工的我們不會因此而離棄他們,否定他們,相反,更要想辦法去減少,甚至消除他們這些自然行為。對於這些服務使用者,我們仍要接受他們,對他們不離不棄。

　　這些概念,我想單從書本上閱讀跟親眼看到,

親身接觸到的，有天淵之別。

第二個值得反思的社工核心價值，就是相信每個人均會改變及向好方面改變這個問題。我們從事復康工作，假如沒有這個信念的支持，我們的工作便有如駕駛着一艘沒有方向的船，對前路茫茫然不知所措。然而，還需一提的，就是改變往往都是微小的，不過，就是這些點點滴滴，累積起來的改變，使小改變成中改變、大改變。

當然，這裏還涉及到人與生俱來，人人平等這概念。因此，我們要撇開服務使用者弱能方面的元素，相反，要尊重他們作為一個人，與其他人一樣，享有平等的權利。

既然你有意投身社工專業，相信都一定明白到社工的工作對象都是弱勢社群，他們大都是社會上最不受重視的一群，我們的使命，就是要協助他們爭取作為社會上一份子的價值、尊嚴和應有的權利，所以，要切實的明白、接受，及在現實生活中實踐上述的概念及信念，都是必須的。當然，在實際的工作環境中，又確實不是一件容易的事。因此，我亦跟你談到復康中心的前線工作人員流失率普遍較其他社會服務單位偏高，相信亦與實踐上述的信念有莫大的關連。試想想，假如沒有上述信念

的支持，一個年青的工作人員，又如何能每天面對着嚴重弱能的服務使用者，看來似是沒有明顯的進步，而卻又要每天重複進行一系列的訓練呢？假如沒有上述信念的支持，他/她又如何可以以寬宏的心，繼續接受可能曾經傷害過自己或其他同工的服務使用者，並對工作的效果，抱有希望呢？

據你們這班優秀學生的領隊王博士稱（我順帶在此感謝王博士，因為他在春節時寄了一了張很美麗的年卡給我，並稱讚我們的工作），是次來港學習，同學都得到很大的啟發，可以親身體會到香港社工專業的真實面，王博士尤其提到，到康復中心的參觀，對大家最為震撼，我想這的確是現實衝擊所然。無論如何，我相信，親身的接觸，對學習一門專業來說是必須的，特別是可以超越地限，到不同的社會環境，不同制度的地方去體驗，所引起的啟示及反思，應會更大。

不過，話說回來，體驗其實時時刻刻都可以在我們的周遭發生。比方說，我們的同學，大多數都有做義工（即你們所謂的志願工作者）的經驗。通常義工服務的對象，大多是社會上的弱勢社群，例如：單親家庭、貧窮兒童、傷殘人士、長者、甚至少數族裔人士等。透過與這些群體的親身接觸，你們可以從中學習到不少在課本上未必可以充份理解

的概念及理論。因為，現實與理論，往往都會有一點偏差。遇到這些情況，大家便需要學習如何靈活運用其所學。除了個別參與志願工作外，你亦可以以社會服務團的形式，主動接觸不同的服務機構，了解他們的需要，以貢獻你的力量。

記得你們跟我說再會時承諾會盡力做一個好社工，我對你們的投入與委身感到高興，同時亦為社工專業開始在國家成長而感到鼓舞，有了像你們這一群新血的加入，國家社工專業的發展，前景應是一片光明的。

你在臨別前硬要送我一包老年陳皮（因為你說你原屬廣東，所以特備廣東的寶物——陳皮，以贈我），我將其轉交復康中心的廚師，以供中心所有人一同分享。在此，再次多謝你的美意。

假如你日後有機會重臨香港，歡迎與我聯絡，有空的話，亦可來信或以電郵繼續聯繫。

祝
　學習生活愉快！

倪凌錦霞

第29封信
為何社工那麼重視保密原則？

保密的原則，是對服務對象最基本的尊重，是助人歷程中不可或缺的要素，也是建立信任的專業關係所必須的條件……

楊林綺文
scaudrey@cityu.edu.hk

第29封信
為何社工那麼重視保密原則？

向陽：

　　收到你的來信，詢問我有關為何社工那麼重視保密原則的問題。我很高興你有認真探討這課題。

　　你在信內重提那次我校同學與你校同學交流時，大家對如何持守保密原則的看法有不一致的地方。那次活動中，當大家正在討論應否談戀愛的問題時，有人將某內地同學的談戀愛經歷披露出來，更毫不忌諱地將這同學的姓名也提了出來。當時，我校的同學曾提出不應該披露那位同學的姓名，以保障他/她的私隱；但你校有些同學卻不以為然。

　　從這件事中，反映出內地同學們對保密原則未有較深入的認識，也可能反映出大家持守這原則的敏感度不夠強烈。其實，社工十分重視保密的原則，我們不時要提醒自己要確保服務對象的私隱權不被侵犯，也要努力去學習有效的方法去持守這項重要的工作守則。

　　對內地同學來說，「私隱」可能是一個較難理解的概念。記得在另一次討論中國社會現象的交流會中，內地同學儘管認同「生兒育女」是公民私生活的一部份，夫婦理應可以依據雙方的價值觀而作

第29封信　為何社工那麼重視保密原則？——楊林綺文

出自由決擇；但同時又可以接受在國家「一孩子」政策下，生育的意願和計劃應取決於「生育計劃委員會」的安排。由此看來，內地人民對私生活的範疇未有清楚的掌握。另外，可能由於內地一向既不太重視私人信息，而又太推崇國家公權的緣故，以致公民個人信息也是經常被侵犯卻不以為然。

社會工作者認為每個人都是社會的個體。所謂「尊重私隱」原則，就是要尊重每一個人在社會生活中，在既無損害他人利益，又無侵害社會公益的情況下，應該享有保持自己生活的個性和秘密的權利。在助人的歷程中，社會工作者無疑需要搜集並掌握很多當事人的資料，以協助他/她解決困難；所以，我們必須同時堅守「保密」原則。若果我們違反這個守則，嚴格來說，比犯上偷竊罪行還要嚴重得多，因為我們在「不問自取」的情況下，偷取了當事人私人領域中最寶貴的東西。

猶記得上次你也曾提及一位案主找你做輔導的境況：你描述她在你的辦公室外徘徊良久，待確定沒有人在周圍的時候才急步走進你的房間，然後請你關上房門，並在你多次保證談話內容不會外洩後，才慢慢把她的心事告訴你。這位女案主長得標

緻，雖然只有十五歲多，但是已經有不下十多次談戀愛和兩次墮胎的經驗，上次來找你尋求協助的原因是她想改變自己，放棄過去荒唐的生活，認認真真地做好自己學生的本份，以及將來可以踏實地與合適的人談戀愛。

向陽，你明白嗎？案主是基於對作為社工的你有很大的信任，才鼓起勇氣把自己那麼多個人資料、過去經歷和私隱向你一一傾訴。若社工忽略了保密原則，有意或無意間把她的私隱如墮胎的詳情洩露了出來，這位案主的自尊必定蒙受很嚴重的傷害，她將會更難面對自己及身邊的人。即使往後有無數的跟進輔導工作，這種傷害也未必能夠彌補過來。同時，她會因為社工不守諾言，出賣自己而感到十分氣憤。這個痛苦的經驗令她日後更加不會輕易對人有信心；她不會再信任社工，也可能不再尋求社工的服務，以致無從解決她的問題。

保密的背後精神是社工要尊重服務對象的私隱。在助人的歷程中，我們應緊記：永遠以服務對象的福祉為依歸。因此，我們不應為了滿足個人的好奇心而追問一些與服務對象關注問題無關的事情及內容；而對於服務對象所提供或傾訴的內容，我們應加以保密。

具體來說，我們可以留意以下的實際處理方法：

（一）社工應該把服務對象的資料記錄及檔案妥善存放，而在電腦的資料，尤其要小心儲存，以確保資料保密。

（二）社工切記絕不可以把服務對象的資料當作茶餘飯後的話題。

（三）在專業發展的範疇中，例如向督導者或同工商討如何提供更好的服務時，我們應隱藏當事人的身份。

（四）在助人過程中，我們如需要轉介當事人接受其他服務時，首先要得到當事人的同意披露他/她的部份資料，同時只應披露有需要的資料，例如：在轉介服務對象申請經濟援助時，宜只透露其經濟狀況；而在轉介服務對象接受醫療服務時，應只把他/她的身體狀況告之醫生。

「保密」是社工專業的一個重要守則，在概念上談來容易，在實際堅守時，往往卻會遇到兩難的局面。以下我會分享一些例子，讓我們好好思考一下：

當我初初在學校擔任社會工作者時，最令我感困擾的是校長、老師及家長往往在我接見完學生後，向我旁敲側擊打探我和學生面談的內容。他們大多出於一片好意，希望了解學生的實際情況後，知道如何更有效地協助學生。為了遵守社工專業的守則，我總是費盡唇舌向他們解釋和拒絕他們，結果他們大多數都不再追問，只是偶然在字裏行間，總讓我知道他們不大滿意這些解釋。隨着經驗的累積，我開始明瞭，在展開工作前，應該向學校及學生家長解釋保密原則在輔導工作的目的和重要性。自此之後，較少老師和家長再追問我與學生面談的內容，而他們對社工的專業也顯得更尊重和有信心。

　　在當事人打算進行一些危及自己或他人的性命的情況下，社工有可能不能再堅守保密的原則。曾經有一個患上抑鬱症的獨身中年男士，他常常感到工作壓力很大，有一次，因一些過失而被上司責罰後，他來電告訴我打算自殺。由於這是生死攸關的事件，我向他解釋，我的更重要責任是保護他的性命，所以我不能為他保守這個秘密。幸好，經過個多小時的輔導，當事人願意去見精神科醫生，同時每天到他的姐姐家裏吃晚飯！另外一次，在小組

集會完結前，一群有黑社會背景的青少年，商討如何把收集回來的鐵枝及利刀分配好，準備一會兒在球場旁埋伏，然後伺機與另一群黑幫拼過死活。起初，我嘗試勸告他們，但是最後未能打消他們去打鬥的念頭。面對既要避免一場悲劇發生，又要遵守保密的原則，以免破壞我們互信的關係，真是十分苦惱！最後督導提供一個妙計，就是我以附近居民的身份在公共電話亭致電警方，結果幸運地制止一場悲劇。

　　向陽，社工在堅持保密的守則時，有時要平衡很多社工的信念及原則，同時也會遇到重重困難。儘管如此，當我們明瞭「保密」的原則，是對服務對象最基本的尊重，是助人歷程中不可或缺的要素，也是建立信任的專業關係必需的條件時，我們便應該提醒自己，努力持守這原則是值得和需要的！

　　共勉之！

林綺文

林綺文老師

第30封信
常懷社工心——在非專職社工崗位內也可發揮所學所長

> 只要常懷社工信念,雖然不一定擔任專職社工崗位,仍有不少空間在日常生活裏彰顯社工精神,學以致用……

陳偉道
scwtc@cityu.edu.hk

第 30 封信
常懷社工心——在非專職社工崗位內也可發揮所學所長

京京：

你從北京以掛號函件寄出的書信，早已收悉，勿念。信函內附你業餘所拍的廣告宣傳片光盤，以及你為律師事務所撰寫「律所管理新知」專欄文章：淺析當前大學生的求職擇業心理。你的廣告宣傳片效果、構思新穎，形象清麗脫俗；至於專欄作品，則對那些大學畢業生，快踏上已臻白熱化競爭的人才市場，頗有啟發與參考作用。

從你多次來信與電郵溝通中，我深為你赤子真情、勤奮、樂觀與積極的態度所感動。近年你忙於公關事業生涯，又醉心文藝及影視活動，生活既充實又多采多姿。記得數年前，你剛唸完社工專業課程時，曾為找不到稱心如意的事業崗位而懊惱。難得你天資聰穎，長於音樂與舞蹈等藝術；待人接物方面，更見謙遜有禮，勇於服務，敢於承擔，你渴望有機會發揮潛能，好好服務人群，貢獻社會。這幾年來，你公私兩忙。從工作鍛鍊中，你漸次領悟到原來社會工作精神，在社群與組織裏，常可實踐與堅持。

來信中，你剖白許多唸社工專業的畢業生，常感前路茫茫，不少社會人士仍未接納社工的專業

性；加上政府機關在人事聘用時，鮮有特別關顧具社工專業訓練的申請者，情況值得大家關心。據悉目前內地近200所高校已開設社會工作專業甚至社會工作學系，中國社會工作也開始進入國際組織。然而，每年數以千計的社工專業畢業生出路確令人擔心，疑慮他們學非所用。

可是，我不禁要問：難道社工畢業生只可在專職社工崗位內發揮社工所學所長嗎？在日常生活裏，我們可有空間實踐社工精神？

記得去年我到北京公幹之餘，順道與你們幾位畢業同學一起晚膳暢談。席間，你分享了平日從事公關與客戶服務工作的點點滴滴。憑你的用心聆聽，細心觀察分析，加上善於運用「同理心」技巧，終於把那位常愛投訴的客戶，處理得頭頭是道，更贏得同事們的愛戴。你雀躍地告訴我們：「難事不用驚，快去找京京」這句順口溜，竟然在公司內不脛而走。

京京，我深信你已掌握好「社工實務過程」（*Social Work Practice Process*）裏（接案、預估、計劃、實施、評估及結案）那些處事要則，加上熟練的會談技巧，包括關係建立與溝通方法，縱遇那些不講

情理的客戶或訴求,仍能順利迎刃而解。你不在專職社工崗位,卻善用所學所長,融會貫通理論與技巧,堅守社工信念以人為本的精神,專注聆聽需要,終於幫助公司疏解客戶的怨氣,助「客戶」之時,也助了「己」,委實難能可貴。

欣悉內地剛於去年頒佈了「社會工作者國家職業標準」,標誌社工作為當代中國新的職業正式誕生。是項頒佈不僅提出社會工作者必須經過社會工作專業知識的系統培訓,而且在實際操作能力方面的要求也相應提高。

誠然,此舉確為社會工作從業員定下正式「職稱」的名份,有利提高這門專業的認受性(legitimacy)。對社工畢業生來說,確實是早已翹首以待的好消息,在未來專職社工專業生涯裏,奠下鞏固的基礎。然而,我們不妨想深一層,像你一樣曾受社會工作專業教育與訓練薰陶的同學或畢業生,大可不必顧慮「只有在專職社工崗位內才能發揮社工所學所長」。

社工信念是以人為本,人的潛能,宛如玉蘊珠藏,仍待琢磨;我們深信只要好好動員周遭的社會資源,適切地提升「服務對象」的動機,雖難題當

前，卻有辦法積極改善，所謂「明天會更好」；從而使個人、社群或社會裏的戾氣淡化而日趨和諧。

日常生活裏，不妨常懷社工心，多一點關顧社會上那些弱勢社群，例如來自農村的民工、從企業單位裏無奈下崗的中年人士，剛刑滿釋放，極待「幫教」的罪犯者或濫藥者等。他們很渴望社會人士多些容納、體諒與扶持。我們深信社工同學或畢業生在不同崗位上，俱可彰顯仁愛與關懷的情操。假如你能影響身旁的企業主管，大公無私，一視同仁地樂於聘用那些「刑釋人士」，不是正在發揮社工所學所長嗎？

那些已投身商業社會中，以營銷為能事的社工畢業生，若能本着「誠信」這信念辛勤地工作，讓消費者作出明智抉擇，並非純以追逐圖利為主，這也是彰顯社工精神的好方法。

總而言之，要貫徹社會工作信念的機會很多。細微如乘搭公共交通工具時，自動自覺地讓座給有需要者，以至對社會不公義事情，不忘口誅筆伐，投函傳媒作出訴求，提出建設性批評與改善之道等。你在公餘撰寫專欄文章，充分關注大學生就業境況，也是一個很好的例子。

總括一句，我大膽地說，如要貫徹社工精神的話，機會實在俯拾皆是，又何必拘泥於「只有在專職社工崗位內才可發揮社工所學所長」呢！你們這些畢業生也不妨善用公餘時間，多些投身義務工作行列。除了豐富人生體驗外，更可把社工精神，伸延下去，薪火相傳。

　　紙短情長，就此擱筆。

　　順祝

　　　安好！

陳偉道

陳老師

作者名單

(排名以姓名筆劃先後為序)

文錦燕	香港城市大學專上學院社會科學學部講師
甘炳光	香港城市大學應用社會科學系副教授
利明威	香港城市大學應用社會科學系導師
李德仁	香港城市大學應用社會科學系副教授
胡黛莉	香港城市大學專上學院社會科學學部兼任講師
倪凌錦霞	香港城市大學專上學院社會科學學部兼任講師
莊明蓮	香港城市大學應用社會科學系副教授
陳偉文	香港城市大學應用社會科學系導師
陳偉道	香港城市大學專上學院社會科學學部高級講師
陳國康	香港城市大學應用社會科學系副教授
陳裕娟	香港城市大學應用社會科學系導師
麥海華	香港城市大學應用社會科學系助理教授
馮偉華	香港城市大學專上學院社會科學學部高級講師
楊林綺文	香港城市大學專上學院社會科學學部講師
廖盧慧貞	香港城市大學專上學院社會科學學部高級講師
蔡黎仲賢	香港城市大學應用社會科學系導師
黎定基	香港城市大學應用社會科學系導師
霍瑞堯	香港城市大學專上學院社會科學學部高級講師
顏文雄	香港城市大學應用社會科學系副教授
關偉康	香港城市大學專上學院社會科學學部講師
關銳煊	香港城市大學應用社會科學系教授

參考書目

第 1 封信

Johnson, L.C., & Yanca, S.J. (2004). *Social work practice: A generalist approach*. (8th ed.). Boston: Pearson, pp. 3–15.

第 2 封信

Council on Social Work Education. (1994). *Handbook of accreditation standards and procedures* (4th ed.). Alexandria, VA: Council on Social Work Education.

Riessman, F. (1997). Ten self-help principles. *Social Policy, 27*(3), Spring, 6–11.

Toffler, A. (1980). *The third way*. New York: Morrow.

第 8 封信

大衛、奎南（2005）。《同志伴侶諮商》。台北市：心靈工坊文化。

陳文敏（2006）。《法政敏言》。香港：經濟日報出版社。

游靜編著（2006）。《性政治》。香港：天地圖書。

關啟文等（2005）。《平權？霸權？審視同性戀問題》。香港：天地圖書。

第 12 封信

Bishop, A. (2002). *Becoming an ally: Breaking the cycle of oppression in people* (2nd ed.). London & New York: Zed Books.

Miley, K.K., O'Melia, M., & DuBois, B.L. (1995). *Generalist social work practice：An empowering approach*. Boston: Allyn and Bacon, Chapter 3.

甘炳光、莫慶聯（1994）。〈社區工作的定義及目標〉。載甘炳光等編，《社區工作：理論與實踐》（頁1-24）。香港：中文大學出版社。

甘炳光（1992）。〈社區工作與政黨政治〉。載香港社會服務聯會社區發展部社區發展資料彙編 1991-1992 編輯委員會編，《社區發展資料彙編 1991-1992》（頁10-13）。香港：香港社會服務聯會社區發展部。

第 16 封信

Hardina, D. (2004). Guidelines for ethical practice in community organization. *Social Work*, *49*, Oct., 595-604.

Osmo, R., & Landau R. (2001). The need for explicit argumentation in ethical decision-making in social work. *Social Work Education*, *20*（4），483-492.

天台之友（1997）。《天台的月光》。香港：作者。

甘炳光等編（1994）。《社區工作：理論與實踐》。香港：中文大學出版社。

第 19 封信

Dunne, J. (1999). Professional judgment and the predicaments of practice. *European Journal of Marketing*, *33*, 7/8, 707-719.

Facione, P.A., Facione, N.C., & Giancarlo, C.A.F. (1997). *Professional judgment and the disposition toward critical thinking*. Milbrae, CA: The California Academic Press.

第 21 封信

林孟平（1994）。《輔導與心理治療》（第五版）。香港：商務印書館。頁189-203。

第 22 封信

Bernstein, R. J. (1983). *Beyond objectivism and relativism: Science, hermeneutics and praxis*. Philadelphia: University of Pennsylvania Press.

Gadamer, H. (1967). *Philosophical hermeneutics*. Translated and edited by David Linge. Berkeley: University of California Press.

阮新邦（1933）。《打判詮釋論與社會研究》。香港：八方文化企業公司。

張包意琴編（2005）。《脫困在一念之間》。香港：香港大學社會科學院香港賽馬會防止自殺研究中心。

第 23 封信

南懷瑾（1990）。《論語別裁》。上海：復旦大學出版社。

第 27 封信

Oliver, M. (1996). *Understanding disability*. New York: St Martin Press.

Ryan, W. (1971). *Blaming the victim*. New York: Vintage.

第 30 封信

朱眉華、文輝主編（2006）。《社會工作實務手冊》。北京：社會科學文獻出版社。

黃陳碧苑、廖盧慧貞、文錦燕（合著），林霞（改編）（2005）。《交往技巧的運用與分析》。北京：清華大學出版社。

顧東輝（2005）。《社會工作概論》。上海：上海譯文出版社。